Lena Häfermann

Grüne Glücksorte in Bremen

Geh raus & blüh auf

Dieses

Glücksbuch

ist für

Liebe Glücksuchende,

Bremen zählt für mich eindeutig zu den allerschönsten Städten – da bin ich vielleicht voreingenommen, weil ich schon so lange glücklich hier lebe. Die Hansestadt ist aber auch ganz offiziell eine der grünsten Großstädte Deutschlands! Deiche, öffentliche Parkanlagen, große und kleine Seen und viele versteckte Oasen lassen Natur und Stadt in Bremen eins werden. Für das Buch durfte ich die Stadt noch einmal von einer ganz neuen und besonders natürlichen Seite kennenlernen und entdecken. Da sind der Bürgerpark als die grüne Lunge, die lauschigen Wallanlagen, Millionen von blühenden Krokussen, die Luneplate als größtes Naturschutzgebiet im Land, ein Baum, der uns alle überleben wird, und eine Reihe naturnaher Erlebnisse: Windsurfen auf dem beliebten Unisee, Yoga unter Bäumen, Paddeln auf verzweigten Kanälen, Flusswandern, Reiten und vieles mehr.
Lustwandeln Sie durch die Stadt an der Weser, liebe Leserinnen und Leser, und lassen Sie sich von verwunschenen, nachhaltigen und naturverbundenen Plätzen verzaubern. Kurz: Erleben Sie Bremen als Ihren großen grünen Glücksort!

Lena Häfermann

GLÜCK

Deine Glücksorte …

... noch mehr Glück für dich

Der Weg ist das Ziel

1 Pilgern auf dem Jakobsweg in Bremen

Der Jakobsweg nach Santiago de Compostela zählt zu den berühmtesten Pilgerwegen der Welt. Genau genommen sind es viele Wege, die zum Grab des Apostels Jakobus führen. Die klassische und populärste „Ich bin dann mal weg"-Route ist der Camino Francés in Frankreich. Etwas weniger bekannt ist, dass auch ein Stück des Jakobsweges durch Bremen führt. In Norddeutschland heißt der Abschnitt Via Baltica. Der alte Pilgerpfad verbindet alle norddeutschen Bundesländer und verläuft von Usedom über Bremen nach Osnabrück. Die Bremer Etappe beginnt in Borgfeld, führt an Gewässern und Kanälen entlang, über Deiche und Dämme und über den Norden durch den Bürgerpark und Stadtwald zum St. Petri Dom, entlang an der Weser und dem Werdersee Richtung Barrien.

TIPP
Im Bibelgarten an der Domsheide kann man den Pilger-Spirit auch ohne Wanderung nachempfinden.

Nicht alle Pilger wandern den Jakobsweg aus rein religiösen Gründen. Viele Menschen pilgern, um sich zu besinnen und in ihrem Leben etwas zu verändern. Vielleicht, weil sie auf der Suche nach neuen Zielen sind oder Abschied nehmen mussten. Bremen war für Pilger früher aufgrund seiner Lage an wichtigen Handelswegen ein bedeutender Ort. Im Bibelgarten am Dom, am Packhaus im Schnoor und an der Martinikirche an der Schlachte finden sich noch heute Jakobus-Figuren, die an die damalige Tradition als Stadt der Pilger erinnern. Als Importhafen für Weine aus Bordeaux bot Bremen eine hervorragende Seeverbindung in den Südwesten Frankreichs, und so reisten viele Pilger damals an Bord einer Kogge bis nach Bordeaux, um von dort aus weiterzupilgern. Beim Pilgern geht es weniger darum, anzukommen, also am Grab des Apostels, sondern vielmehr darum, unterwegs zu sein. Im Moment sein. Nicht den nächsten und übernächsten Tag im Kopf haben und durchplanen. Einfach nur gehen. Die frische Luft atmen. Bei sich ankommen. Pilgern bedeutet, den ganzen Tag draußen in der Natur zu sein, Entschleunigung und Wertschätzung des einfachen Lebens.

- Start der ersten Etappe an der Borgfelder Kirche, Katrepeler Landstraße 9, 28357 Bremen
- ÖPNV: Bus 31, Haltestelle Borgfeld-Ost

ST. JACOBUS

Nachhaltig glücklich

2 Der Concept Store HENNI im Viertel

HENNI ist, poetisch ausgedrückt, eine Liebeserklärung an unsere Erde. Der nachhaltige Concept Store, mit vollem Namen HENNI purely sustainable, vereint das Geschäft ocean & soil mit dem Unternehmen SEAMSfine – Secondhand & more. In jeder Ecke und auf jedem Regalbrett gibt es etwas Schönes zu entdecken: bezaubernder Strandgut-Schmuck, bildhübsche Töpfe und Kakteen, zarte kleine Jungpflänzchen, die darauf warten, eingebuddelt zu werden und einen Sonnenplatz zu ergattern, Kerzen, handgemachte Keramik und wunderschöne Prints. Herzstück und sozusagen der Keim, mit dem alles anfing, ist die handgenähte Mode der Inhaberin. Die zeitlosen Basics des Labels MAMOANA erinnern durch ihre Lässigkeit an den Sommer, sind aber bewusst so designt, dass sie das ganze Jahr über tragbar sind. Bei SEAMSfine von Suse und Kimberly gibt es Mode aus zweiter Hand zu entdecken. Ausgewählte Schätze wie trendige It-Pieces, aber auch zeitlose Klassiker für alle, die lieber secondhand als neu kaufen.
In der integrierten PLANTBAR können Interessierte in der Anzuchtsaison (April bis Juni) Gemüse, Kräuter und Blumen für Balkon, Garten oder Fensterbank selbst vor Ort vorziehen. Neben den Samen erhalten die angehenden Gärtner eine Anleitung, Erde und einen kompostierbaren Becher für die Zucht, der später zuhause mit eingepflanzt werden kann.
Das ocean-&-soil-Sortiment ist komplett plastikfrei. Neben Sinas eigener Modekollektion verkauft sie Waren von anderen Jungunternehmern, die sich ebenso wie sie selbst Nachhaltigkeit und den Respekt vor Mutter Natur auf die Fahnen geschrieben haben. Auf dem Instagram-Kanal @seeding.independence möchte die Unternehmerin noch mehr Frauen dazu ermutigen, eigene Projekte und sich selbst zu verwirklichen. Sie berichtet offen von den Höhen und Tiefen ihrer Selbständigkeit und möchte zum Austausch der Gründerinnen untereinander motivieren. Nachhaltigkeit hat viele Facetten.

● HENNI purely sustainable, Sielwall 61, 28203 Bremen, www.the-henni-store.com
● ÖPNV: Straßenbahn 2, 3, 10, Haltestelle Sielwall

Tierisch gut drauf

3

Spaziergang durch das Tiergehege im Bürgerpark

Ein Ausflug an der frischen Luft kann wunderbar den Kopf freipusten. Erst recht, wenn er nicht nur an der Straße entlangführt, sondern am Gehege mit flauschigen Alpakas, gemütlichen Ponys und fröhlich schnatternden Gänsen. Und erst die kleinen Schweinchen! Wie sie da so zusammengeknuddelt rumliegen und friedlich im Matsch dösen. Schlechte Laune hat einfach keine Chance mehr, wenn man durch den Tierpark spaziert.

Die Pfauen stolzieren großspurig über die Wege und machen mit Geschrei lautstark auf sich aufmerksam. Das kräftige Knallblau und ihr buntes Federkleid sind wunderhübsch anzusehen und durch ihren aufrechten Gang zeigen sie sehr deutlich, wer im Tiergehege zu Besuch ist und wer das Hausrecht hat. Man muss keine Angst vor ihnen haben, aber wer sich vor größeren Tieren fürchtet, sollte sich bewusst sein, dass die Vögel hier frei herumlaufen dürfen. Im Laufe der Jahrhunderte waren sogar schon Kängurus, Zebras, Elefanten, Flusspferde und Dromedare im Bürgerpark zuhause. Getreu Bremens Tradition als Handelsstadt waren viele Tiere als Geschenke für Bremer Kaufleute aus aller Welt in die Stadt gekommen. Nach dem heutigen Konzept aber sind die Tiere dem hiesigen Klima angepasst. Der Bürgerparkverein versucht, insbesondere heimischen Nutztierrassen, die vom Aussterben bedroht sind, einen neuen Lebensraum zu geben. So leistet das Tiergehege seinen Beitrag zum Fortbestand gefährdeter Rassen und macht sie zugleich bekannter.

Heute sind im Tiergehege im Bürgerpark keine exotischen Gesellen mehr anzutreffen. Hier hausen Ponys, Esel, bunt gefleckte Schweine, kleine Meerschweinchen, Ziegen, Gänse und mehr. Der kleine Zoo eignet sich wunderbar, um bei einem Sonntagsspaziergang durch den majestätischen Bürgerpark einen kleinen Abstecher zu machen, sich die heimische Fauna anzusehen und sie kleinen Familienmitgliedern näherzubringen. Doch auch ohne Kinder ist eine Stippvisite bei Familie Esel, Schwein und Co. wirklich schön und bringt immer auf andere Gedanken.

TIPP

Mit einer kleinen Spende an den Bürgerparkverein sichert man die Zukunft des Tierparks.

● Tiergehege im Bürgerpark, 28209 Bremen

Der Umwelt zuliebe

4 Ein Besuch in der KlimaWerkStadt

Nachhaltigkeit besteht aus kleinen Schritten. Weniger unnötige Flugreisen unternehmen, selten oder nie in Plastik verpacktes Gemüse aus Übersee kaufen, öfter auf das Rad umsteigen und Kaputtes oder Altgewordenes nicht allzu schnell entsorgen. Manche Tipps kann man schnell beherzigen und verinnerlichen, anderes fällt etwas schwerer. Fachkundige Hilfe gibts bei der KlimaWerkStadt in der Neustadt – ein Angebot von und mit freundlichen Menschen ohne streng erhobenem Zeigefinger.

Die KlimaWerkStadt ist ein nachbarschaftlicher Bildungsraum mit offener Werkstatt, einem Reparatur-Café und einem Materialfundus sowie einem Veranstaltungsprogramm rund um klimafreundliches Handeln im Alltag. Zusammen mit dem Gemeinschaftsgarten „Ab geht die Lucie" direkt gegenüber gehört die KlimaWerkStadt zu den zwei Projekten des Vereins KulturPflanzen. Ziel ist es, Begegnung und Austausch im Stadtteil zu fördern, Alternativen zur ressourcenintensiven Konsumgesellschaft aufzuzeigen sowie Menschen dazu zu motivieren, umzudenken und selbst aktiv zu werden.

Im Reparatur-Café können kaputte Gebrauchsgegenstände unter fachkundiger Anleitung repariert werden. Es macht so viel Spaß, ein lieb gewonnenes Stück, das in letzter Zeit etwas holprig funktioniert, wieder flottzumachen. In einer Ecke stehen Nähmaschinen – warum nicht mal dieses eine Kleid, das so eine blöde Länge hat, mit herbringen und es kürzen? Oder die Jeansjacke, die etwas Pepp vertragen könnte? Im Materialfundus warten Stoffe und Knöpfe auf Verwendung. Aber auch Bastelbedarf, Dekorationsmaterial, Papier, Farben, Schrauben und Elektroersatzteile können hergebracht oder gegen eine Spende mitgenommen werden. Es macht glücklich, dem Wegwerfwahn die Stirn zu bieten!

Egal ob bei Flohmärkten, Tauschbörsen, Vorträgen, Spieleabenden, Workshops oder Werkstätten: Die KlimaWerkStadt vermag es immer, zu inspirieren, zum Nachdenken anzuregen und ein paar dieser Gedanken mit nach Hause und in den Alltag zu nehmen.

● KlimaWerkStadt, Westerstraße 58, 28199 Bremen
www.klimawerkstadt-bremen.de
● ÖPNV: Straßenbahn 1, 8, Bus 24, 26, 27, 63, Haltestelle Westerstraße

REFUSE REDUCE
&RECYCLE
GEÖFFNET
Bitte klopfen!
WE WILL RISE!

Herbstliches Sammelglück

5

Auf Pilztour in Schwanewede

Es ist idealerweise früh morgens. Der Nebel lichtet sich gerade erst. Die Luft ist frisch und feucht. Vereinzelt wagen sich bereits die Sonnenstrahlen durch das Dickicht und kitzeln die Nase. Ausgerüstet mit Körbchen und Messer. Am besten, man hat auch einen Pilzführer dabei – gedruckt, digital oder in Form eines menschlichen Experten. Letzteres empfiehlt sich unbedingt für Pilzneulinge. Eine zu große Furcht, ein giftiges Exemplar zu erwischen, trübt sonst das Pilzglück. Und dann geht es los! Über breite Wege, schmale Pfade, zwischendurch querfeldein. Schmidts Kiefern und die Heidhofer Teiche sind ein wahrer Hotspot für Steinpilz, Maronen-Röhrling und Co. Wer hier öfter unterwegs ist, trifft Bekannte. Aber auch wer sich das erste Mal auf Pilzsammeltour begibt, wird freundlich begrüßt und willkommen geheißen in dieser kleinen Gemeinde. Man hält einen kurzen Schnack über den Wahnsinnsfund, der gerade gemacht wurde, und erhält immer auch den einen oder anderen Tipp für die besten Sammelstellen.

TIPP

Das Gebiet grenzt an einen Truppenübungsplatz. Bitte unbedingt die Hinweisschilder beachten!

Was für eine Freude, den ersten eigenen Pilz zu entdecken! Vorsichtig, mit all den Ratschlägen und Hinweisen im Kopf, wird überprüft, ob es eine essbare Sorte ist. Dann schneidet man ihn glücklich und vorsichtig ab und bettet ihn ins Körbchen. Und weiter: den Blick auf den Boden gerichtet, suchend nach Pilzen und nach den anderen – haben sie vielleicht eine tolle Stelle entdeckt? Eines sachte kribbelnden Wettbewerbs kann man sich kaum verwehren, wenn man Pilze sucht.

Und auch für den Fall, dass es am Ende nur ein einzelner Pilz ist, der im eigenen Korb liegt – im Geiste werden schon Rezepte überlegt und die Pilzpfanne oder -sauce wird besser schmecken als alle Pilzgerichte zuvor.

Nach getaner Arbeit locken ein heißer Kaffee und ein Stück Kuchen im nahe gelegenen Biergarten „Am Wald“. Wer den kleinen Pilzsammelwettbewerb verloren hat, kann bei einer Partie Minigolf Revanche fordern.

● Parkplatz Schmidts-Kiefern, 28790 Schwanewede

Grün verbandelt

6 Die Wallanlagen in der Alt- und Neustadt

Bremen ist eine der grünsten Großstädte in Deutschland. Nicht nur am Stadtrand oder den betuchteren Wohngegenden grünt und blüht es in Alleen, Parks und Gärten – auch im Innenstadtbereich sind überall große und kleine Oasen zum Luftholen und Ausspannen zu finden. Älteste Parkfläche sind die Wallanlagen, denn sie entstanden bereits im 17. Jahrhundert als Befestigungsanlagen und ziehen sich wie ein grünes Band durch Alt- und Neustadt. Sie wurden nach den Plänen des Festungsbaumeisters Johan van Valckenburgh errichtet und mussten in ihrem Zweck als Festungswall nur der Belagerung durch die Schweden im Jahr 1666 standhalten.
Blickt man von oben auf die Stadt, erkennt man sie gut: Die altstädtischen Anlagen sind sogar noch gezackt, so wie früher, und von einem Stadtgraben umgeben. Auf der Neustadtseite sind Überbleibsel zu sehen. Hier wurde der Park im Laufe der vielen Jahre umfassend entfestigt, saniert, bepflanzt und umgestaltet.
In Bremen gibt es viele tolle Wege, um von A nach B zu kommen. Die Wallanlagen zählen definitiv zu den schönsten. Ob vom Viertel in die Bahnhofsvorstadt, von der Innenstadt Richtung Osterdeich, vom Buntentor zum Hohentor – wer kann, wählt die Wallanlagen, nimmt dafür vielleicht sogar einen kleinen Umweg auf sich und erfreut sich am blühenden Grün, dem Wasserlauf und den Enten und ganz einfach an der Auszeit zwischen Terminen, Arbeit und Nachhauseweg.
Wer in der Stadt arbeitet, hat das Glück, die Mittagspause im Herzen von Hügelchen und Stadtgraben verbringen zu können und die tägliche Dosis Natur einzunehmen. Für einen Spaziergang allein oder mit Kollegen oder für den Lunch auf einer der Bänke, für den Coffee to go oder einen Moment für sich mit dem Duft der Bäume und der Musik der zwitschernden Vögel.
Häufig sind die Wallanlagen ein Ort für Feste, Märkte und kleine Festivals, zum Beispiel für den Keramikmarkt, das Wallfest, La Strada oder das SummerSounds. Natur und Kultur – einfach die ideale Kombi in Bremen.

- Bremer Wallanlagen, 28195 Bremen
- ÖPNV: Straßenbahn 4, 6, 8, Bus 24, 25, Haltestelle Herdentor

Korb voller Landleben

7 Bummel über den Wochenmarkt auf dem Domshof

Bremen ist keine typische Großstadt – hier ist es vielerorts sehr grün, die Wege sind kurz, Menschen und Stimmung sind meist gemütlich und weniger großstadthektisch. Richtig ländlich ist es aber auch nicht und so kommt es, dass schon ab und zu Sehnsüchte fernab des urbanen Lebens aufkommen: nach Landluft und Hofläden, nach rotbackigen Äpfeln direkt vom Baum, nach Hühnereiern, die morgens vor dem Frühstück rasch aus dem Stall geholt werden, nach Kohlrabi, an dem noch ein wenig Erde klebt. Um derlei kulinarische Landträume zu erfüllen, gibt es im Bremer Stadtgebiet eine Reihe von Wochenmärkten mit ausgewählten Marktständen – so wie der Markt auf dem Domshof im Herzen der Stadt, der schon seit 1922 abgehalten wird.

Ein Marktbesuch ist nicht einfach nur ein schneller Einkauf. Kein Durchhuschen wie im Supermarkt. Über den Markt zu schlendern, heißt, Zeit zu haben oder: sich Zeit zu nehmen. Für die guten Dinge im Leben. Für frisches Brot. Für den sensationellen Käse, der abends pur am Stück mit einem leckeren Glas Rotwein genossen wird. Der Wochenmarkt auf dem Domshof findet täglich außer sonntags statt. Erhältlich sind Feinkost, Öle und Essig, Honig, Kräuter, Säfte, Fleisch, Fisch und viele weitere Spezialitäten. Obst und Gemüse gibts frisch vom Bauern aus der Region. Jungpflanzen und Blumen findet man auf dem Blumenmarkt im Unser-Lieben-Frauen-Kirchhof.

Beim Markteinkauf geht es weniger um das Brauchen, mehr ums Entdecken, Aussuchen und um den Genuss. Einen Löffel Honig probieren, an den Pfifferlingen riechen, sich von samtigen Pfirsichen verführen lassen. Noch ein süßes Gebäck auf die Hand. Der Markt auf dem Domshof ist auch ideal, um sich für die Mittagspause mit frischen Leckereien zu versorgen und sie dann an einem Sonnenplätzchen zu genießen.

Am Ende geht es mit einem prall gefüllten Korb zurück nach Hause, durch die Straßen der Stadt – mit dem Gedanken, wie schön es doch ist, beides haben zu können.

- Wochenmarkt Domshof, 28195 Bremen, www.meine-wochenmaerkte.de
- ÖPNV: Straßenbahn 2, 3, 4, 6, 8, Bus 24, 25, Haltestelle Domsheide

Kindheitstraum

8 Trecker fahren in den Wümmewiesen

Trecker fahren ist für Kind gebliebene Städter oftmals ein Sehnsuchtserlebnis. Wie schön muss das sein, am Ende des Tages nach getaner Arbeit als einsamer Wolf über die Felder zu holpern und sich auf das Abendessen und ein kühles Bier zu freuen. Ganz so romantisch werden die Arbeitstage von Landwirten vermutlich nicht aussehen, aber beim Träumen ist ja alles erlaubt. Wer sich den Herzenswunsch erfüllen möchte, kann das in dem Örtchen Oyten-Bassen tun. Die beiden Inhaber von Wümmetrecker bieten historische Landmaschinen zur Vermietung an und planen auch gern das weitere Drumherum: Ausflug in die Abendsonne, Picknick oder sogar mit Kutsche für besondere Events. Die liebevoll restaurierten, gehegten und gepflegten Oldtimer-Traktoren werden zum Selbstfahren vermietet, ein Führerschein muss also vorhanden sein, ansonsten gibt es aber keine weiteren Bedingungen. Ausgangsort für jede Tour und Einweisung für die Fahrt ist in Bassen, rund 20 Kilometer östlich von Bremen. Die idyllische und weitläufige Landschaft in den Wümmeniederungen wird langsam und tuckernd durchfahren. Stress und Hektik haben hier keinen Platz. Eine Vielzahl von wenig befahrenen Landstraßen, Feld- und Forstwegen sowie von Bäumen gesäumte Alleen stehen hier zur Erkundung zur Auswahl. Hauptstraßen können in dieser Gegend locker vermieden werden, sodass Treckerfans wunderbar die Panoramen auf die Wümme und ihre Nebenarme genießen können. Für eine Rast bietet sich entweder ein Picknick an, das mitgebracht oder bei Wümmetrecker dazu gebucht werden kann, oder man kehrt in eine der Gastwirtschaften ein. Die Inhaber geben gerne Tipps und Routenempfehlungen sowie auf Wunsch auch eine Karte.
Die Traktoren können für vier Stunden, für einen ganzen Tag oder für ein Wochenende gemietet werden. Auch als kleine Gruppe sind Touren auf Anfrage realisierbar. In den Preisen sind bereits Kraftstoff und Versicherung enthalten. Ein Rundum-sorglos-Paket für wildromantische Abenteuer!

TIPP

Für längere Touren mit Übernachtungsgepäck ist auch ein historischer Feuerwehranhänger buchbar.

● Wümmetrecker, Feldstraße 8, 28876 Oyten-Bassen, www.wuemmetrecker.de
● ÖPNV: Bus 730, Haltestelle Bassen Ortsmitte

Eicher
VER
WT 30

Für eine saubere Stadt

9 CleanUpYourCity e. V.

Naturliebe hat viele Facetten. Die einen verwandeln ihr Wohnzimmer in ein grünes Paradies aus Zimmerpflanzen, andere gärtnern, was das Zeug hält, und bringen wahre Prachtgärten hervor, wieder andere setzen auf Nachhaltigkeit im Alltag und vermeiden Gewohnheiten, die der Umwelt schaden. Der Bremer Verein CleanUpYourCity e. V. geht noch einen Schritt weiter: Mit viel Leidenschaft sorgen die ehrenamtlichen Mitglieder für eine Stadt, die Schritt für Schritt immer sauberer wird. Denn als Vorbilder zeigen sie aktiv Lösungen aus der Müllfalle auf und motivieren zum Mitmachen. Nach dem Motto „Nicht mein Müll, aber mein Planet!" organisiert das Team in ganz Bremen Aufräumtouren, sogenannte Clean-Ups, sowie Aktionen und Maßnahmen, die auf das Problem von Zigarettenkippen und weiterem Abfall auf unseren Straßen aufmerksam machen.

Weggeschnippte Zigarettenstummel und achtlos fallen gelassener Müll verschandeln nicht nur unsere Natur und unsere Stadt, sondern haben auch große Auswirkungen auf das gesamte Ökosystem, gefährden Tiere und vergiften die Umwelt. Oftmals ist es den Menschen, die den Abfall verursachen, gar nicht bewusst, was sie da anrichten. Und wenn sie sehen, dass jemand ihre Zigarettenstummel aufsammelt und entsorgt, hört man den Groschen förmlich fallen. Ein sehr schöner Nebeneffekt der Müllsammelaktionen! Man kommt mit anderen ins Gespräch, tauscht sich aus und regt den einen oder die andere zum Nachdenken an. Darüber hinaus bildet sich ein nachbarschaftliches Netzwerk aus Menschen, die sich für mehr Lebensqualität in ihrem Stadtteil engagieren. Neue Stadtteilpaten sind bei CUYC immer herzlich willkommen!

Neben regelmäßig stattfindenden Aufräumtouren bietet der Verein Sprechstunden, Workshops und Vorträge zum Thema Müll und Umweltschutz an. Wer als Privatperson, Firma oder Verein eigene Clean-Ups organisieren möchte und dazu Tipps oder Ausrüstung benötigt, findet hier die richtige Anlaufstelle.

● CleanUpYourCity, www.cuyc.de

clean up
your city
BREMEN
#stoppollution
clean up
your city
BREMEN
Let's connect!
#stoppollution

Auenland(schaft)

10 Wandern in der Bremer Schweiz

Die Geestlandschaft im Bremer Norden hat einen stolzen Namen, der Touristen verwirren mag und Alpenfans schmunzeln lässt: Bremer Schweiz. Schwindelerregende 47,7 Meter über dem Normalnullpunkt beträgt die höchste Erhebung in der hanseatischen Schweiz im Landkreis Osterholz und wer zu Fuß oder mit dem Rad in der Gegend unterwegs ist, kann schon aus der Puste geraten.

Idyllisch liegt das Wanderparadies zwischen Weser, Lesum und dem Waldgebiet Düngel. Mittendurch fließt die Schönebecker Aue und bildet das Schönebecker Auetal. Nicht nur namentlich erinnert die sanfte Hügellandschaft mit malerischen Büschen und Wäldern ein bisschen an das idyllische Auenland von Tolkien. Die Aue fließt durch die Niederungswiesen rund um das Schönebecker Schloss und wird hier halbmondförmig zu einem Teich aufgestaut. Das kastenförmige Bauwerk wurde im 17. Jahrhundert errichtet und sieht aus wie eine bescheidene, hanseatische Ausgabe eines Schlosses: groß, mit Fachwerk, aber nicht sehr pompös oder gar prunkvoll. Bremisch schön ist es hier! Es beherbergt ein Heimatmuseum, das unter anderem über früheres bürgerliches Leben und Schifffahrt informiert, und ist Veranstaltungsort für kulturelle Events, kann aber auch für private Feiern gebucht werden.

Einer der schönsten Wander- und Spazierwege im Bremer Norden ist der Thüringer Weg, der angeblich von einem Bremer Kaufmann so benannt wurde, weil ihn die umliegende Landschaft an seine Thüringische Heimat erinnert haben soll. Der Weg startet nördlich des Schlosses am Mühlenweg in Leuchtenburg und führt in einem Rundweg über Holthorst und Platjenwerbe durch das Zentrum der Bremer Schweiz. Die Gegend war früher ein beliebter Sommer- und Wohnsitz wohlhabender Bremer Kaufleute. Kein Wunder, dass sich an den Wegen rund um das Schloss und durch das Tal viele schöne Villen und Gutshäuser bewundern lassen. Und so wird ein Spaziergang durch das Bremer Auenland zu einer echten Entdeckungstour.

- Schönebecker Schloss, Im Dorfe 3, 28757 Bremen
  www.museum-schloss-schoenebeck.de
- ÖPNV: NordWestBahn RS1, Haltestelle Schönebeck;
  Bus 90, 91, 92, Haltestelle Bahnhof Schönebeck

Sand, Palmen und mehr

11 Lankenauer Höft in Pusdorf

Es ist, als hätte Bremen nur darauf gewartet: Innerhalb kürzester Zeit seit Eröffnung hat sich das Lankenauer Höft zu einem Goldkind der Bremer Ausflugs- und Ausgehszene gemausert. Die Lage auf der Landzunge, die in die Weser ragt, ist nicht nur sensationell, sondern beschert auch die schönsten Sonnenuntergänge, die man sich vorstellen kann. Dazu flirren mal leise chillige Melodien und mal laute Partyklänge über den feinen Sand, in der Hand einen eisgekühlten Aperol, und der Nachmittag, Abend oder die Nacht ist perfekt. Das Lankenauer Höft ist so was wie die ganzjährige Beachpartylocation von Bremen geworden. Auch im Winter erstrahlt es mit Lichterketten, kuschelig beheiztem Zelt sowie Ständen mit Kunstwerk, Glühpunsch und mehr als Winterzauberdorf.

TIPP

Den Winterwunderstrand besuchen – und sich auf köstliche Gerichte, Buden und Weihnachtsflair freuen.

Die Anlage ist allerliebst gestaltet. Es gibt hölzerne Tischgruppen, Palettenmöbel, gemütliche Liegestühle, und wer Glück hat, ergattert eine der Hollywoodschaukeln. In Strandbüdchen und dem Foodtruck werden Getränke und Snacks mit Selbstbedienung angeboten, Palmen säumen den Strand. Das rustikale Panorama aus Hafenkränen und Radar- und Kontrollturm, ein Überbleibsel vergangener Hafenwirtschaftszeiten, macht das Ganze perfekt unperfekt. Kurz: Man muss es hier einfach schön finden!

Im Sommer finden regelmäßig Veranstaltungen statt, zum Beispiel eine entspannte After-Work-Party zum Plaudern, Netzwerken und Feierabendgenießen oder Open-Air-Club-Events. Elegante Strandlounges mit Platz für bis zu 15 Personen können für private Feiern gebucht werden. Auch Hausboote stehen für unvergessliche Übernachtungen zur Verfügung. Ein Restaurant mit Eventlocation rundet das vielfältige Angebot ab.

Mit einer gemütlichen Radtour am Weserufer entlang oder einem sehr langen Spaziergang lässt sich der beliebte Strand am besten erreichen. Wind, Wasserduft und Möwengeschrei stimmen hier schon mal auf den Tag im Sand ein.

- Lankenauer Höft, Zum Lankenauer Höft 8–10, 28197 Bremen
www.lankenauerhoeft.de
- ÖPNV: Bus 24, Haltestelle Rablinghausen; Weserfähre zwischen Überseestadt/Molenturm, Pier 2/Waterfront in Gröpelingen und Lankenauer Höft (April bis Oktober)

Natürlich schön

12 Kosmetik und Pflege im NaturWerk

Manchmal, nicht oft, kann Glück käuflich sein. Wenn sich der Einkaufsbummel mit feinen Düften vermischt. Wenn man mit dem guten Gefühl, dass die Natur hier respektiert und geachtet wird, durch die Regale schlendert, schnuppert und testet. Und wenn sich schon beim Kauf die Vorfreude darauf einstellt, die erworbenen Produkte zuhause auszupacken und auszuprobieren. Es muss nichts Großes oder Teures sein. Eine Seife mit dem Duft der Lieblingsblume oder ein wohltuendes Gesichtsöl kann schon reichen, um mit einem erwartungsfrohen Lächeln nach Hause zu gehen. Das NaturWerk in der belebten Pappelstraße in der Neustadt ist ein kleiner Eckladen voller natürlicher Kosmetik, Pflegeprodukten und anderen schönen Dingen. Vermutlich ist es eher selten, dass man ihn wieder verlässt, ohne auch nur eine Kleinigkeit gekauft zu haben: Das Angebot reicht von hochwertiger Naturkosmetik wie Lippenstifte und Mascara über Gesichtscremes, Öle und Körperlotionen bis hin zu Seifen, Drogerieartikeln und Zero-Waste-Produkten, zum Beispiel festes Shampoo oder wiederverwendbare Baumwollpads. Abgerundet wird die Vielfalt durch bunte Kerzen, Seifenschalen, Naturschwämme, Schmuck, Saunazusätze und vielem mehr. Wer ein Geschenk sucht, findet im NaturWerk immer besondere Mitbringsel wie einen Lippenpflegestift oder eine pflegende Handcreme, aber auch etwas exklusivere Geschenke aus der Rubrik „Gönnt man sich selbst viel zu selten".

Inhaberin Yvonne Berends hat ihr Kosmetikgeschäft im Jahr 2014 gegründet. „Ich bin immer wieder begeistert von der Wirkung wohlriechender Düfte und der Kraft pflanzlicher Kosmetik auf Körper und Seele", sagt sie über ihr liebevoll zusammengestelltes Sortiment und erklärt, dass natürliche Wirkstoffe von der Haut besser aufgenommen werden und wirksamer sind als konventionelle Produkte. Für die Extraportion Wohlgefühl und Entspannung empfehlen sich die hier angebotenen Massagen und Kosmetikbehandlungen – natürlich mit ausgesuchten Masken, Seren und Ölen aus dem Laden.

- NaturWerk, Pappelstraße 82, 28199 Bremen, www.naturwerk-bremen.de
- ÖPNV: Straßenbahn 6, Haltestelle Gastfeldstraße; Bus 26, 27, Haltestelle Delmestraße

Seife
Seife
POP TEE
POP TEE

Verstehen und schützen

13 Das Klimahaus Bremerhaven

Nachhaltig leben heißt auch: verstehen, was mit der Welt und dem Klima geschieht. Was bedeutet Klimawandel, welche Veränderungen erfahren die Menschen in der Arktis und in Afrika, und was hat das am Ende alles mit uns in Bremen zu tun?
In Bremerhaven zeigt das einzigartige Klimahaus das Wetter der Welt, die Klimaentwicklungen und wie alles miteinander zusammenhängt. Die außergewöhnliche Reise durch verschiedene Länder und Klimazonen folgt den Spuren des Weltenbummlers Axel Werner, der für das Konzept des Klimahauses in einem Jahr einmal um die Erde gereist ist und wertvolle Erfahrungen gesammelt hat. Die Wissens- und Erlebniswelt ist globaler Vorreiter, wenn es um die Vermittlung der Themen Klima, Klimawandel und Wetter geht. Besucher entdecken neun Länder und fünf Kontinente auf dem 8. und 172. Längengrad einmal über den Globus. Sie erleben Hitze und Kälte, Überschwemmungen und Dürre, Stürme und Gletscherschmelze.
In Sonderausstellungen und Veranstaltungen widmet sich das Klimahaus darüber hinaus immer wieder auch ganz aktuellen Fragen. So informieren mal eine Fotoausstellung und Lesungen über schwindendes Polareis, ein Workshop thematisiert die Klimagerechtigkeit und eine Reihe von lehrreichen Fortbildungen richtet sich an Pädagogen in Schulen und Kitas.
Als Vorbild und gutes Beispiel gibt es im Klimahaus ein ausgeklügeltes und umweltschonendes Energiekonzept. Zudem hat sich die Erlebniswelt den Nachhaltigkeitszielen der Vereinten Nationen verpflichtet, die unter anderem Bildung, saubere Energie, verantwortungsvollen Konsum und Produktion sowie verschiedene Maßnahmen zum Klimaschutz beinhalten.
Der Besuch im Klimahaus motiviert und inspiriert. Er macht Spaß, weil man im Kleinen um die Welt reisen kann. Er vermag es aber auch, zum Nachdenken anzuregen und das Leben in fernen und nahen Ländern ein klein wenig nachzuempfinden.

TIPP
Im World Future Lab ausprobieren, wie wir die klimatische Zukunft beeinflussen könnten!

- Klimahaus Bremerhaven, Am Längengrad 8, 27568 Bremerhaven
- ÖPNV: Bus 502, 505, 506, 508, 509, Haltestelle Havenwelten

Esst mehr Gemüse!

14 Veganer Schmaus im Vengo im Viertel

Vegane Speisen – nicht wenige denken dabei noch immer an traurige Körner und freudlose Salatblätter. Dabei ist das von den bunten und vielfältigen Gerichten in der Vengo Gemüseküche so weit entfernt wie Fleisch oder Milchprodukte.
Die Vengo Gemüseküche gehört zu Bremens beliebtesten veganen Restaurants. Sie befindet sich mitten im Viertel am Ostertorsteinweg und lässt sich am besten als urbanes Bistro beschreiben. Man kann dem Treiben auf der Hauptstraße von innen zusehen oder an einem der Tische im Außenbereich Platz nehmen und mittendrin sein in Bremens lebendigstem Stadtteil.
Die Speisekarte ist für Veganer das reinste Paradies. Es gibt italienische und asiatische Nudeln, exotische und bodenständige Suppen, Currys sowie Vor- und Nachspeisen aus allen Winkeln der Erde. Die riesengroße Auswahl an orientalischen, asiatischen und mediterranen Häppchen kommt bei allen gut an, die gern naschen, probieren und teilen. Kleine imaginäre Kostprobe gefällig? Gefüllte Weinblätter mit Minze, Kichererbsensalat, geschmorte Pilze mit Curry, Zitronen-Thymian-Nudeln … Klingt auf jeden Fall alles wahnsinnig lecker und wer nicht so gern teilt, kann sich die köstlichen Häppchen auch als ein Hauptgericht zusammenstellen lassen – dazu gibt es Brot und Hummus. Als Getränke werden zum Beispiel frisch gepresste Säfte, Mango-Lassi und Limos, aber auch Tee- und Kaffeespezialitäten sowie Wein oder Bier angeboten.
Nicht nur, dass es gut schmeckt und gesund ist: Man erfährt auch, dass es gar nicht so schwierig sein muss, auf Fleisch und Käse zu verzichten. Die Nudeln mit cremiger Pilz-Sojasahne-Weißwein-Sauce könnte man zuhause sicher mal nachkochen und die Zutaten für die bunten Currys bekommt man aus dem Kopf auch wieder zusammen. Die extravagant aussehende Pink Pasta wird da schon schwerer, aber für derlei Verrücktheiten kann man die Vengo Gemüseküche ja einfach wieder besuchen und sich durch den Rest der verlockenden Karte schlemmen.

- Vengo – die Gemüseküche, Ostertorsteinweg 91, 28203 Bremen
www.vengo-2go.de
- ÖPNV: Straßenbahn 2, 3, Haltestelle Ulrichsplatz

Auf zum Waldbaden

15 Der Hasbrucher Urwald

Waldbaden bezeichnet erstmal nichts weiter als einen entspannten und entspannenden Aufenthalt im Wald. Es geht nicht darum, schnell zu sein oder eine große Strecke zu schaffen, es geht um Erholsamkeit und Abschalten. Und was würde sich zu diesem Zweck besser eignen als ein naturbelassener Urwald, in dem die Umwelt ganz frei von menschlichen und forstwirtschaftlichen Eingriffen schalten und walten kann? Am Rande der Wildeshauser Geest, rund 25 Kilometer von Bremen entfernt, befindet sich der Hasbruch, ein 630 Hektar großes Waldgebiet, das seit 1997 unter Naturschutz steht. Ein Teil des Hasbruchs ist ein Naturwald, der einigen 1000-jährigen Eichen ein Zuhause bietet, zum Beispiel der Friederiekeneiche, eine der ältesten Eichen Niedersachsens.

TIPP

Handy zuhause lassen und sich ganz auf den Wald einlassen!

Waldbaden ist anders als eine Waldwanderung, das Ziel vor Augen, Kalorienverbrauch und Puls stets im Blick. Beim Waldbaden kommt es auf Bewusstsein und Achtsamkeit an. Wie riecht die Luft? Welche ätherischen Öle, die aus den Fichten strömen, nehmen wir wahr? Welche Muster zaubern die Sonnenstrahlen auf den Waldboden, wenn sie sich ihren Weg durch die weit verzweigten Äste bahnen? Wie fühlt sich der bemooste Baumstamm an, wenn wir ihn mit den Fingerspitzen, vielleicht auch mit geschlossenen Augen berühren? Das mag sich vielleicht ein wenig esoterisch anhören, ist aber nachgewiesenermaßen sehr wohltuend für die Seele und für die Gesundheit. In Japan wird Waldbaden sogar auf Rezept medizinisch verschrieben. Die Wahrnehmung von Klängen und Düften ist ebenso wichtig wie das bewusste Verweilen im Moment, vielleicht durch eine Atemübung oder sogar eine Yoga-Einheit. Es kann aber auch das Balancieren auf einem Baumstamm sein oder das Baden der Füße in einem Bach.

Berühmt ist der Hasbruch für seine alten knorrigen Eichen. Sie sind fast alle innen hohl und spenden anderen Pflanzen und Tieren einen einzigartigen Lebensraum. Über diese Naturwunder kann man beim achtsamen Waldbaden wunderbar staunen.

● Revierförsterei Hasbruch, Am Forsthaus 4, 27798 Vielstedt, www.hasbruch.de
● ÖPNV: Bus 252, 255, Haltestelle Vielstedt Hasbruch

Stadtoase

16 Urban Gardening in der Gemüsewerft

Biergärten stehen für Sommer, Sonnenschein, Treffen von lieben Menschen und gute Laune. Der Biergarten der Gemüsewerft in Bremen ist außerdem genau das, was der Name verrät: ein Bier-Garten. Hopfen so weit das Auge reicht! Rund 400 Hopfenpflanzen wachsen hier in eher unscheinbarer Industrieumgebung. Wie in einer Wüstenoase ploppt plötzlich Grün auf. Dazu gesellen sich mehrere hundert Hochbeete mit Salat, Kräutern und Obst, die als Jungpflanzen oder ausgereift erworben werden können. Wer mag, darf sogar selbst ernten, wiegen und dann bezahlen. Ein echtes Erlebnis für Stadtpflänzchen!

Der Biergarten ist ganz leicht zu erreichen: Einfach die Bummelmeile Schlachte bis zum Ende durchlaufen oder radeln und schon ist man da. Hier ist es viel ruhiger als bei dem großen Gemeinschaftsbiergarten der Bremer. Noch ein wenig grüner natürlich, schließlich wird hier Landwirtschaft, oder besser Stadtwirtschaft, betrieben. Die Umgebung ist faszinierend vielschichtig – der Blick auf die Weser, die alten Gebäude von Kellog's im Hintergrund und mittendrin Gemüse, Kräuter, Obst und eben jede Menge Hopfen. Die sanfte Hintergrundmusik kommt von Wind und Weser sowie Möwen, die in Nachbarschaft zu ein paar Enten auf dem Gelände brüten und leben. Auch zwei Bienenvölker sind in dem Biergarten zuhause.

Die Gemüsewerft ist ein Projekt der Gesellschaft für integrative Beschäftigung, die inzwischen mehrere Standorte betreibt und in Zusammenarbeit mit verschiedenen Bremer Initiativen zudem Hochbeete mitten in der Stadt aufstellt, hegt und pflegt. Um die Pflanzen kümmern sich Menschen mit Beeinträchtigung.

Einmal jährlich werden Freiwillige für das große Hopfenzupfen gesucht. Ganz nostalgisch mit der Hand wie vor 200 Jahren gehts dem Hopfen bei der Ernte für die Bremer Braumanufaktur an den Kragen. Als Bezahlung winkt Freibier. Zudem lässt sich die Gemüsewerft immer wieder neue Events wie Theater- und Konzertveranstaltungen einfallen – Open Air zwischen Hopfen, Radieschen und Mangold.

- Gemüsewerft, Auf der Muggenburg 18, 28217 Bremen, www.gemuesewerft.de
- ÖPNV: Straßenbahn 3, 5, Bus 20, Haltestelle Europahafen

Kellogg's
Werk

Auf den zweiten Blick

17 In den Ochtumniederungen bei Brokhuchting

(Natur-)Glück kann in ganz unscheinbaren Dingen und Momenten liegen. Etwas, das man auf den ersten Blick gar nicht bemerkt. Ein zartes Gänseblümchen nach langen Wintertagen etwa oder ein winziger Marienkäfer mit sechs, fünf oder auch zwei Punkten, die Glück versprechen.

Ähnlich unauffällig verhält es sich auch mit den zahlreichen Naturschutzgebieten, die Bremen sein Eigen nennt. Ganze 20 sind es an der Zahl und sie machen gemeinsam eine Fläche von rund 3500 Hektar aus. Das entspricht knapp 8,5 Prozent der Gesamtfläche von Bremen und Bremerhaven. Dennoch bemerkt man sie oftmals nur im Vorbeigehen: eine schöne grüne Wiese, verschlungene Wasserläufe, malerische Polderlandschaften. Vielleicht entdeckt man eine Entenfamilie mit flaumigen Küken, vielleicht ein ganz unbekanntes gefiedertes Exemplar. Aber wer sich Zeit nimmt, genauer hinschaut (und ein Fernglas mitbringt!), entdeckt so viel mehr!

So ist der Vogelbeobachtungsturm in den Ochtumniederungen perfekt, um die Natur und die heimische Vogelwelt auf sich wirken zu lassen. Er liegt in einer Kurve an einem kleinen Parkplatz. Ungestört lassen sich hier aus nächster Nähe rastende Wasser- und Watvögel beobachten. Im Frühjahr sind auch brütende Wiesenvögel wie Kiebitze, Rotschenkel oder Uferschnepfen zu sehen. Wer mag, plaudert mit den anderen Vogelkundlern, die den Turm aufgesucht haben. „Wissen Sie, wen ich hier neulich vors Fernglas bekommen habe?“ Oder: „Schauen Sie mal, dort drüben …“ Auch wer einfach nur schauen und nicht reden möchte, ist selbstverständlich willkommen.

Die Anfahrt aus Richtung der Innenstadt erfolgt am besten mit dem Fahrrad aus der Neustadt, über Woltmershausen und auf dem neuen Schutzdeich am Rablinghauser Vorfluter entlang. Der Kanal und der erhöhte Fahrradweg führen an den Kleingärten Woltmershausens vorbei und sind an vielen Stellen alleeartig und verwunschen von üppigen Bäumen und Büschen gesäumt. Augen auf – wie so oft kann schon die Anreise glücklich machen.

● Aussichtsplattform, Brokhuchtinger Landstraße, 28197 Bremen

Im Gartenglück

18 Kleingartenidylle am Werdersee

Es brummt und blüht, die Farbenpracht in den Beeten zeigt des Gärtners ganzes Talent, und der Gartenstuhl im Schatten des Apfelbaums wartet nur darauf, dass man sich niederlässt – für viele Menschen gibt es kaum etwas Schöneres, als im (Klein-)Garten zu sitzen. In den großen Städten sind Rasenflächen und eigene kleine Blumen- und Pflanzoasen ja oft rar. Nicht so in Bremen – einer der grünsten Großstädte Deutschlands. Pro Nase stehen knapp 45 Quadratmeter Grünanlagen wie Parks, Spielplätze und Kleingärten zur Verfügung.
Letztere werden in Vereinen mit so wohlklingenden Namen wie „Harmonie", „Frohes Wochenende" oder „Glückliche Gartenfreunde" organisiert. In Bremen und Bremerhaven gibt es insgesamt knapp 100 Kleingartenvereine und 17.000 Kleingärten. Einige von ihnen sind sogar dauerhaft bewohnt. Diese Bremer Besonderheit nennt sich Kaisenhaus und ist auf den einstigen Bürgermeister Wilhelm Kaisen zurückzuführen, der nach dem Zweiten Weltkrieg in den Parzellen den Bau von Häusern zum vorübergehenden Bewohnen gestattete, um die herrschende Wohnungsnot zu verringern. Die Regel gilt unter bestimmten Voraussetzungen noch immer für die damaligen Kaisenhausbewohner und ihre Kinder.
Zu den beliebtesten Kleingartengebieten in Bremen zählen die Gärten in der Nähe von Weser und Werdersee. Hier lässt es sich wunderbar promenieren, Natur tanken und über die herrlichen Häuschen und üppigen Gärten staunen. Mal einen Blick über den Zaun werfen und sich in der Vorstellung verlieren, selbst auf eben jener muckeligen Terrasse zu sitzen, die Rosen zu schneiden, Kräuter, Obst und Blumen so fachgerecht anzupflanzen, dass es zu jeder Jahreszeit im Garten etwas zu entdecken gibt. Eben selbst in der Erde gewühlt zu haben und am Ende zu sehen, was die eigenen Hände hervorgebracht haben. Bremer neigen nicht unbedingt zu Neid, doch hier ein Stück Gartenglück zu pachten, ist sicher ein heimlicher Traum vieler Menschen, die hier spazieren gehen.

● Kleingärtnerverein Am Werdersee e. V., Deichschartweg 26, 28201 Bremen
www.kgv-am-werdersee.de
● ÖPNV: Straßenbahn 4, Haltestelle Kirchweg

Natur in voller Pracht

19 Farbenvielfalt im Rhododendron-Park

Manche Bilder sind so eindrücklich und farbgewaltig, dass sie sich nicht so einfach in Worte fassen lassen. Besser ist es, man kommt in den Genuss, sie mit eigenen Augen zu betrachten. So ist es mit den Rhododendren und Azaleen im Bremer Rhododendron-Park in der Hauptblütezeit, ungefähr von Ende April bis Mitte Juni. Die vielen Farben und vollen Blüten, die blumigen Düfte und die Geräuschkulisse aus sanft im Wind raschelnden Blättern und Insektensummen muss man einfach erlebt haben.

Das märchenhafte Rhododendronmeer erstrahlt in weiß, gelb, orange, rot, pink und allen Farben des Regenbogens. Tausende Blüten säumen die Wege und reichen zuweilen mehrere Meter in den Bremer Himmel. Es ist einfach erstaunlich, welche Wunder die Natur (und natürlich die Parkverwaltung) hier vollbracht hat.

Der Eintritt in den Park ist kostenfrei. So kann man sich öfter mal die Zeit nehmen, auf den schlängelnden Wegen und in voller Blüte stehenden edlen Pflanzen zu lustwandeln. Mal für eine ruhige halbe Stunde in der Mittagspause oder nach Feierabend, mal etwas länger an einem freien Wochenendtag. Nicht nur zur Hauptblütezeit ist ein Spaziergang im Park ein Genuss. Neben den Rhododendren und Azaleen bietet der Park zum Beispiel im Rosengarten und im Botanischen Garten Pflanzen aus aller Welt. Hier gibt es nicht nur einheimische Flora zu bestaunen, sondern auch Gehölze und Stauden aus Amerika, Asien und Australien bis hin zu wichtigen Nutz- und Heilpflanzen.

TIPP

Da die Pflege und Instandhaltung der Parkanlage aufwendig sind, freut sich die Stiftung über Spenden.

Der Bremer Rhododendron-Park ist 46 Hektar groß und mit 600 Arten und 3250 gezüchteten Sorten und Sektionen die mittlerweile größte Rhododendronsammlung der Welt. Mehr als 10.000 Büsche gibt es zu bewundern. Nicht winterharter tropischer und subtropischer Rhododendron sowie die Indischen Azaleen befinden sich im Innenraum unter dem schützenden Dach des Naturerlebniszentrums botanika, das ebenso wie der Rhododendron-Park voller natürlicher Wunder ist.

- Rhododendron-Park Bremen, Deliusweg 40, 28359 Bremen
- ÖPNV: Straßenbahn 1, 4, Bus 21, Haltestelle Bürgermeister-Spitta-Allee; Bus 31, Haltestelle Rhododendron-Park

Dschungeloase

20 Café Frida meets Plant Paradise

Es grünt so grün! In den Regalen, im üppig gestalteten Schaufenster, von der Decke, auf den Tischen: Überall, wo man hinschaut, stehen und hängen herrliche Zimmerpflanzen in allen Größen und Formen. Man selbst sitzt inmitten der grünen Pracht, fühlt sich wunderbar entspannt – und trinkt Kaffee und isst ein leckeres Stück hausgemachten Kuchen. Ja, richtig gelesen, Kaffee und Kuchen. Die Rede ist nicht etwa von einem exotischen Blumenladen, sondern vom Café Frida in der Bremer Neustadt. Der Name steht für die Künstlerin Frida Kahlo. Entsprechend bunt und lebensfroh ist das Interieur.

Das Besondere aber am Café Frida ist der Zusammenschluss mit dem Plant Paradise. Und so wird das Angebot von Kaffee und köstlichem, oftmals veganem Kuchen ergänzt durch zahlreiche Pflanzen, Blumen, handgefertigte Übertöpfe sowie Schmuckstücke, die das Café nicht nur dekorieren, sondern ebenfalls zum Verkauf stehen. Absoluter Hingucker sind die Air Plants. Es handelt sich um sogenannte Tillandsien, ein Ananasgewächs mit langen, hängenden Trieben, die in der hauseigenen Werkstatt angefertigten Betonhaltern oder Metallreifen stecken und wunderhübsch anzuschauen sind.

Es ist ein bisschen Glück vonnöten, um einen Platz im Café Frida zu ergattern. Das süße Pflanzencafé ist beliebt und meist gut besucht. Die Kombi aus Jungle Store und veganem Bistro kommt eben gut an. Auch volle Tische und hektische Betriebsamkeit tun der Freundlichkeit der Bedienungen keinen Abbruch. Stets fühlt man sich willkommen und gut aufgehoben zwischen Kaffeeduft und den vielen Pflanzen, die ja bekanntermaßen glücklich machen und einen positiven Einfluss auf die Psyche haben sollen. Hier zu sitzen, lädt einfach ein, mal durchzuatmen und die Seele baumeln zu lassen.

Wer nicht auf einen freien Platz warten möchte, kann sich Kaffee, Kuchen und Blumen auch mit nach Hause nehmen. Verpackung und Besteck sind für das ungetrübte Kuchenglück nachhaltig und plastikfrei.

TIPP

Auf Anfrage können auch ganze Kuchen und Torten für den Kaffeeklatsch zuhause bestellt werden.

● Café Frida x Plant Paradise, Pappelstraße 73, 28199 Bremen
www.cafe-frida.business.site

● ÖPNV: Bus 26, 27, Haltestelle Delmestraße

Tillandsien

Entrückte Dünenlandschaft

21 Ausflug zur Verdener Düne bei Neumühlen

Die Verdener Dünen, der Name verrät es bereits, gehören natürlich nicht direkt zu Bremen, sondern zu Verden und damit zu Niedersachsen. Sie befinden sich rund 40 Kilometer von Bremen entfernt und zählen zum entfernten Bremer Umland. Die Dünenlandschaft ist ein magischer, beinahe bizarrer Ort, der so in Deutschland nicht oft zu finden ist. Mitten in typisch hiesiger Umgebung zwischen Halsebach und Verdener Stadtwald tut sich plötzlich eine Nordamerika ähnelnde Wüstenlandschaft auf. Rund 15.000 Jahre ist die Düne alt. Es handelt sich um eine ehemalige Wanderdüne aus der letzten Eiszeit, die heute nicht mehr wandert. Bereits 1930 wurde die rund 90 Hektar große Fläche unter Naturschutz gestellt. Die weite Sandfläche, gepaart mit struppigen Gräsern und knorrigen Hölzern, versetzen einen in eine andere Welt. Als sei man durch einen Korridor getreten, der das niedersächsische Gebiet in Neumühlen mit einer fernen Wüstenoase verbindet. Das Betreten der Sandfläche ist zum Schutz der Natur nicht erlaubt. Es gibt aber einen Dünenerlebnisweg, der durch das Gelände führt. Umrahmt werden die Verdener Dünen von Kiefern und Birken, seltenen Eichenmischwäldern aus oftmals mehrstämmigen brüchigen Bäumen sowie totem Gehölz, was dem Dünengebiet sein besonderes Aussehen verleiht.

Hinweisschilder klären über Entstehung, vorhandene Artenvielfalt und vor allem über das Schutzbedürfnis der Düne auf. Das bedeutet konkret: auf den Wegen bleiben, natürlich keinen Müll hinterlassen und weder Kinder noch Hunde in dieser riesigen Sandkiste buddeln lassen.

Für Besucher sind die Dünen von besonderer Schönheit für einen Ausflug, für Flora und Fauna aber stellen sie einen einzigartigen Lebensraum dar. So finden hier seltene Pflanzen wie Silbergras und Sandseggen, Insekten wie die Blauflügelige Ödlandschrecke und Vögel wie die Heidelerche und der Baumpieper ein Zuhause.

- Dünengebiet bei Neumühlen, Neumühlen/Uhlemühlen, 27283 Verden (Aller)
- ÖPNV: Bus 740, Haltestelle Verden (Aller) Bürgerpark

Sommerglück

22 Erdbeerernte auf dem Hof Kaemena

Wer kennt das nicht: Man ist im Frühsommer in seinem Viertel unterwegs und plötzlich schleicht sich eine betörende Erdbeersüße in die Nase. Überall stehen sie auf einmal wieder: die Büdchen mit Spargel, Beeren und mehr. Manchmal schafft man es an ihnen vorbei und manchmal hält man eben doch an und gönnt sich eine Portion regionales Obstglück. Die erste Beere wandert direkt in den Mund – hmm, köstlich! Die zweite vielleicht auch noch … Jetzt aber stopp! Es muss ja noch was für zuhause übrig bleiben. Die Steigerung der erdbeerigen Versuchung sind Selbstpflückfelder. Erdbeeren, so weit das Auge reicht. Rot glänzend, lecker duftend, noch dazu etwas günstiger, als wenn man sie bereits geerntet kauft.

In Bremen Oberneuland können Beerenfreunde die Früchte auf dem Feld des Erdbeer- und Spargelhofs Kaemena selbst einsammeln. Der Ausflug zur Erdbeerpflücktour lässt sich prima mit einer entspannten Radtour verbinden. So stellt sich gleich das richtige Landlebenfeeling ein. Die Erntesaison dauert leider meist nur etwa drei Wochen. Auf der Website der Kaemenas kann man sich für den Saisonmelder registrieren, um sie nicht zu verpassen.

Nur auf dem Hof Kaemena wachsen auf Bremer Boden Erdbeeren und Spargel. Andere Höfe haben ihre Felder meist im niedersächsischen Umland. Ein besonderes Augenmerk legt die Familie auf Nachhaltigkeit und den geringen Einsatz von Mineraldünger und Pflanzenschutzmittel. Ein Herzensthema der Familie ist außerdem „Kaemena blüht" – ein Wildwiesenprojekt, mit dem sie bedrohte Insekten schützen und ihnen ihre Lebensräume zurückgeben wollen.

Die süßen Früchte schmecken doppelt so gut, wenn sie unverpackt von heimischen Feldern kommen, und glatt nochmal besser, wenn man sie selbst gepflückt hat. Und so streift man mit Körbchen ausgestattet durch die Reihen, pflückt und pflückt und pflückt und freut sich auf die erste Portion, mit einer Haube Sahne, den Erdbeerkuchen, das Kompott zum Milchreis und natürlich ganz pur.

- Hof Kaemena, Gustav-Brandes-Weg 19, 28355 Bremen, www.hof-kaemena.de
- ÖPNV: Bus 33, Haltestelle An den Wühren

SEIT 1985
HOF KAEMENA
OBERNEULANDER GENUSS
MINDESTENS
500 G
LECKERE ERDBEEREN

Grüne Oase am Osterdeich

23 Spaziergang in der Pauliner Marsch

Wo die Weser einen großen Bogen macht, befindet sich nicht nur des Bremers liebster Ort für Freudentaumel, sondern auch ein paradiesischer Grünzug für Mußestunden, Sport und Besuche bei flauschig-freundlichen Eseln. Die Pauliner Marsch gehört, man mag es kaum glauben, ebenso wie ein Teil des Bar- und Ausgehviertels Steintor zum Stadtteil Östliche Vorstadt und liegt nur wenige Meter von eben jenem entfernt. Über Jahrhunderte hinweg war die Pauliner Marsch Weideland. Der Name ist auf das Paulskloster zurückzuführen, das früher im Ostertor beheimatet war und das die Weideflächen bewirtschaftete. Auch der Jürgenshof, ein malerisches Reetdachhaus, das heute ein Restaurant ist, war früher Teil des Klosters.

Der Spaziergang beginnt flussaufwärts hinter dem Weserstadion und führt durch üppig begrünte Wege im Kleingartengebiet, das verstohlene Blicke in die einzelnen Parzellen zulässt. Beneidenswert, was für herrliche Gärten sich manche Menschen zu erschaffen wissen. Anschließend kommt man am Sportgarten vorbei. Der gemeinnützige Verein hat ein umfassendes Sportangebot für Kinder und Jugendliche, die sich hier bei Fuß-, Volley-, Hand- oder Basketball, Hockey, Badminton, Tennis sowie beim Skateboarding, Inlineskating, Tischtennis, Trampolinspringen oder beim Klettern ordentlich austoben können. Ein weiterer Teil des Sportgartens ist das Tier- und Landschaftsprojekt, in dem die Vereinsmitglieder mehr über den Umgang mit Tieren lernen können. Die kleine Farm gibt zum Beispiel den Eseln Markus und Moritz ein Zuhause, die sich immer über einen Besuch im offenen Stall freuen. Außerdem leben hier Katzen, Pferde, Ponys, Ziegen, Kaninchen, Enten, Gänse, Molche, Eulen und Füchse.

TIPP

Die beiden Esel Markus und Moritz haben mit @moritzund-markus sogar einen eigenen Instagram-Kanal.

Die Pauliner Marsch ist wie eine grüne Pufferzone in der Stadt. Eintauchen, durchatmen, ländliche Idylle spüren. Besonders schön ist der Blick vom leicht erhöhten Jürgenshof über die Wiesen und Weiden. Es hat einfach etwas sehr Beruhigendes an sich, den friedlich grasenden Pferden zuzusehen.

- Pauliner Marsch, 28205 Bremen, www.sportgarten.de
- ÖPNV: Straßenbahn 3, Bus 22, Haltestelle Georg-Bitter-Straße

Grüne Entdeckerwelt

24 Ausflug in das Science Center botanika

Neues Wissen kann glücklich machen. Wer mit offenen Augen durch die Welt spaziert, erlebt und erfährt, welche großen und kleinen Wunder die Natur für uns bereithält. Warum sich Blätter im Herbst rotgold färben, wie es große Bäume schaffen, tief aus der Erde Wasser zu „trinken", und vieles mehr können die Besucher der botanika lernen. Im Entdeckerzentrum geht's auf eine Reise durch die Entwicklungsstadien und Lebenswelten von Pflanzen. Über viele interaktive Stationen und Exponate können Rekorde und ungeahnte Vorgänge unserer Erde nachempfunden und das eigene Know-how getestet werden. Zum Beispiel, warum die Ränder der dunklen Stellen von Bananen im Schwarzlicht leuchten, aber auch ganz praktische Dinge zur Nutzung und Verwendung von Pflanzen.

Ferne Sehnsuchtsorte tun sich in den Schaugärten in der botanika auf: Von Japan über Borneo und Neuguinea bis in den Himalaya wird man in die entlegenen Plätze dieser Welt entführt. Die Rufe der Beos, das meterhohe Grün, der rauschende Wasserfall und die fremden Düfte gestalten den Rundgang ungeheuer authentisch. Täler und Gebirge lassen sich durch die architektonische Gestaltung wunderbar nachfühlen. Und wer die Augen schließt und seine Umgebung nur über Nase und Ohren wahrnimmt, träumt sich ins exotische Asien.

Im Tropenhaus nebenan wirds abenteuerlich. Hier geht es auf Tuchfühlung mit fremdartigen Gewächsen und hunderten frei fliegenden Schmetterlingen. Wunderhübsch sind sie anzuschauen, wie sie so bunt und filigran durch die Lüfte flattern. Eine Fensterfront gibt zudem den Blick frei auf die verspielten Gibbons. Die kleinen Menschenaffen sind in den Regenwäldern ihrer südostasiatischen Heimat selten geworden und leben in der botanika sozusagen als Botschafter für den Artenschutz.

Ein perfekter Glücksort für einen Kurzausflug, der nicht nur Urlaubsgefühle aufkommen lässt, sondern gespickt ist mit Anekdoten, Small-Talk-Wissen und lehrreichen Eindrücken aus Flora und Fauna.

- botanika, Deliusweg 40, 28359 Bremen, www.botanika-bremen.de
- ÖPNV: Straßenbahn 1, 4, Bus 21, Haltestelle Bürgermeister-Spitta-Allee; Bus 31, Haltestelle Rhododendron-Park

Größe zeigen

25 Unterwegs im Naturschutzgebiet Luneplate

Bremerhaven ist so unbeschreiblich groß, dass selbst der beliebte Hinweis mit den Fußballfeldern der Vorstellungskraft nicht so richtig auf die Sprünge helfen kann.
Die Luneplate grenzt direkt an den Deich südlich des Fischereihafens an und ist ideal mit dem Rad oder auch zu Fuß zu erreichen und zu durchqueren. Die grüne Weite ist nordisch geprägt von Marschland, Wattflächen und Poldern. Imposante Wasserbüffel und flauschig anzusehende Galloway-Rinder sorgen für ideale Lebensbedingungen diverser Vogelarten, denn sie halten die Weiden kurz und vernichten Pflanzen, die für die Brut- und Rastvögel schädlich sein könnten. Entstanden ist die Luneplate als Fläche für den ökologischen Ausgleich der großen Bremerhavener Hafenbauprojekte wie zum Beispiel das Container-Terminal 4. Zuständig ist die Hafengesellschaft bremenports.
Im Winter sind die Flachwasserbereiche Rast- und Schlafplatz für sagenhafte 10.000 Vögel. Wie im Taubenschlag geht es dann sozusagen zu. Außerdem wachsen hier seltene (und lustig klingende) Pflanzenarten wie Wiesen-Pippau, Sumpf-Dreizack, Schwanenblume und Sumpf-Schwertlilie. Es tummeln sich Rehe, Feldhasen, Rotfüchse, Hermeline und andere Säugetiere. In den Gräben quaken Erdkröte und Grasfrosch. Dazu gesellen sich im Sommer Libellen, Laufkäfer, Nachtfalter und Zikaden.
Besucher können die vielfältige Tier- und Pflanzenwelt auf angelegten Rundwegen und auf Beobachtungsanlagen betrachten und sich auf Infotafeln informieren. Im Süden der Luneplate befindet sich ein Aussichtsturm, der einen fantastischen Rundumblick freigibt, bei guter Sicht bis nach Nordenham auf der anderen Weserseite oder bis zur Innenstadt von Bremerhaven. Im Beobachtungsversteck am Tidepolder kann man sich Wasser- und Watvögeln wie Kiebitz, Rotschenkel und Uferschnepfe mit einem Fernrohr nähern, ohne selbst entdeckt zu werden.

TIPP

Die Hafengesellschaft bremenports bietet geführte und kostenfreie Exkursionen ins Naturschutzgebiet an.

- Naturschutzgebiet Luneplate, 27572 Bremerhaven
- ÖPNV: Bus 580, 582, Haltestelle Ueterlande Oldenburger Straße

Grüner Gigant

26 Riesenmammutbaum auf dem Riensberger Friedhof

Was dieser Baum wohl erzählen würde, wenn er reden könnte? Vielleicht so etwas in der Art: „Das ist jetzt schon fast 150 Jahre her, dass ich hier eingepflanzt wurde. Damals war ich noch ein ganz kleiner Steppke und kam aus Kalifornien rüber nach Bremen. Riesenmammutbäume waren damals schwer angesagt, wissen Sie." So würde er vielleicht beginnen und dann fortfahren, was er in den Jahren seit 1875 alles erlebt hat. Er ist bestimmt sehr weise und könnte der heutigen Gesellschaft einen Tipp geben, wie man Klima und Natur so schützt, dass es auch in Zukunft noch immer Bäume seiner Art geben wird.
Riesenmammutbäume stammen aus Kalifornien und können bis zu 3000 Jahre alt werden. Es ist einfach irre, dass er vielleicht noch im Jahr 4800 hier stehen wird. Mit seinen rund 155 Jahren ist der Bremer Riese also jetzt noch recht grün hinter den Ohren. Zurzeit erreicht er eine Höhe von ungefähr 34 Metern, könnte aber mal so hoch werden wie der Bremer Dom mit 98 Metern. Er ist ein wenig schiefwüchsig und musste deshalb sogar schon mal gestutzt werden. Das ist aber nicht schlimm, in der Hansestadt legt man keinen übertriebenen Wert auf Perfektion.
Die Äste des Riesen schlängeln sich tief hinab und zaubern bei Sonne ein Muster auf den dicken Stamm. Wer unter den weit verzweigten Armen steht, kommt gar nicht umhin, als sich geborgen zu fühlen.
Der Riensberger Friedhof ist ein Parkfriedhof mit einem See, sehenswürdigen Grabstätten und einem beeindruckenden Baumbestand. Der Riesenmammutbaum ist hier und in ganz Bremen der dickste Baum und wurde als Nationalerbe-Baum der Deutschen Dendrologischen Gesellschaft ausgezeichnet. Die Initiative möchte (potenzielle) Uraltbäume als wichtigen Lebensraum schützen und sie für die Nachwelt erhalten. Besonders schön anzusehen ist der hanseatische Riesenbaum übrigens im Winter: Durch seine immense Größe und sein immergrünes Blätterkleid weckt er im Bremer Wintergrau Vorfreude auf den Frühling.

- Friedhof Riensberg, Friedhofstraße 51, 28213 Bremen
- ÖPNV: Straßenbahn 4, Haltestelle Friedhofstraße

Diese lauen Sommerabende

27 Sonnenspot am Werdersee

Überall auf der Welt gibt es diese Plätze, die einfach perfekt sind: ein wunderbarer Ausblick, herrlich gelegen, leicht windgeschützt, sonnig und weder zu groß und zu weitläufig noch zu klein und zu beengt. Am Werdersee, der zu den allerschönsten Erholungsorten in Bremen zählt, gibt es subjektiv betrachtet sicher eine ganze Reihe solcher Plätze. Vermutlich hat sogar jeder Bremer beim Gedanken an den Werdersee einen eigenen Lieblingsplatz am Ufer im Sinn.

Ein Platz, der auch objektiv betrachtet ziemlich perfekt ist, ist die nördliche Uferwiese direkt an der Fußgängerbrücke am Deichschart. Der kleine Strand ist ein wunderbarer Ort zum Ausruhen und Sonne tanken. Tatsächlich strahlt die Sonne dieses kleine Fleckchen Erde an schönen Tagen mit einem so schier unendlichen Durchhaltevermögen an, dass man sich auf eine Insel fort träumen könnte. Oftmals hat die eine oder andere Gruppe Musik dabei und mit ein bisschen Glück sind es sanfte Sounds, die an einen Chillout Sunset Beach Club erinnern.

Nicht nur am Abend, auch am Nachmittag ist der Uferstrand ein beliebter Ort zum Sonnenbaden und Entspannen. Sie ist gut erreichbar, die kleine Sonnenwiese: Zu Fuß oder mit dem Rad sind es aus der Stadt nur wenige Minuten, auch mit der Straßenbahn kommt man gut hin. Ideal also, um sich mit mitgebrachten Snacks zu versorgen oder nochmal schnell loszudüsen, um Nachschub zu holen. Grillen ist hier zum Schutz der Natur nicht erlaubt, aber ein Picknick natürlich schon. Für frischen Kaffee oder Eis sorgen das Coffee-Bike und der Eiswagen. Sie stehen meist direkt an der Gabelung der Brücke.

Wer von der Innenstadt kommt und den nördlich gelegenen Uferweg von der Wilhelm-Kaisen-Brücke wählt, sollte unbedingt einmal innehalten und das bewaldete Panorama auf sich wirken lassen. Fast könnte man hier den urbanen Boden unter den Füßen vergessen.

- Uferstrand, Fußgängerbrücke, Deichschartweg, 28201 Bremen
- ÖPNV: Straßenbahn 4, Haltestelle Kirchweg

Mondänes Hügelgrün

28

Spaziergang in Knoops Park

Der historische Park im Bremer Norden ist einigen Stadtbremern vielleicht nur vom Hörensagen bekannt. Aber der Ausflug lohnt sich sehr! Die Anlage ist herrschaftlich, gepflegt und von weitläufigem Grün, verziert und verschönert durch die prächtigen ehemaligen Landgüter, den Fluss Lesum im Süden, den Wald im Norden, Teiche und altehrwürdige Bäume und Denkmäler.
Im Jahr 1936 kaufte die Gemeinde Lesum das Grundstück und ließ den privaten Garten der Familie Knoop in einen öffentlichen Park umwandeln, der heute von allen betreten werden darf. Das, was heute Knoops Park genannt wird, waren einst die Gärten von Baron Knoop, von seinen Töchtern Louise und Adele und von der Familie Melchers. Auf rund 65 Hektar bietet Knoops Park ausreichend Platz zum Spazieren, Flanieren und Sporttreiben. Der Park trägt den Namen des Bremer Kaufmanns Ludwig Knoop, der es seinerzeit zu großem Erfolg brachte und sich das Schloss Mühlental an der Lesum bauen ließ. Gartenarchitekt Wilhelm Benque, Gestalter des Bremer Bürgerparks, wurde mit der Umsetzung des Gartens von Baron Knoop beauftragt. Es sollte ein englischer Landschaftsgarten werden und so wechseln sich majestätische Lichtungen mit alten Bäumen und Waldflächen ab, exotische Gehölze mit heimischen Gewächsen, mäandernde Wege mit sanften Hügeln. Steinerne, steile Treppen und Aussichtsplattformen am Ufer der Lesum sorgen für Abwechslung und ein vornehmes Flair. Besonders die verwunschenen Ecken und die Ausblicke von erhöhten Punkten (in Bremen ja sonst eher selten) machen für viele den Reiz von Knoops Park aus.
Im Sommer finden hier Veranstaltungen wie La Strada und das weit über Bremens Grenzen bekannte Open-Air-Konzert Sommer in Lesmona statt. Das Klassik-Festival ist mittlerweile ein echtes Bremer Kult-Event und viele freuen sich das ganze Jahr darauf, in feiner englischer Kleidung und mit Picknickkorb ausgestattet der Deutschen Kammerphilharmonie Bremen zuzuhören.

TIPP

Knoops Park im Herbst besuchen und sich am Farbenspiel des Bremindian Summers erfreuen!

- Förderverein Knoops Park, Lesmonastraße 52, 28717 Bremen www.foerderverein-knoops-park.de
- ÖPNV: NordWestBahn RS1, Haltestelle Bremen St. Magnus

Übers Wasser

29 Verwunschener Steg am Goetheplatz

Das Viertel zählt zu Bremens trubeligsten Stadtteilen – einst wohnten hier vor allem Studierende sowie Künstler, die das Quartier prägten. Und so gibt es Lokale, die bis in die Nachmittagsstunden Frühstück anbieten, viele Bars und Clubs, kleine Boutiquen und Cafés. Doch auch inmitten dieser wuseligen Städtigkeit gibt es stille und verträumte Plätzchen, die den Lärm des O-Wegs (die Hauptstraße im Viertel) fast vergessen lassen.

Wer sich zwischen Villa Ichon und Gerhard-Marcks-Haus direkt nach dem Theater am Goetheplatz von der Straße abwendet und ein paar Steinstufen hinabgeht, findet sich am Wall und dem alten Stadtgraben wieder. Sicher, die Geräusche des Viertels verschwinden nicht ganz, doch sie verklingen ein wenig, wenn sich das plätschernde Wasser und der verträumte kleine Steg, der nach der Künstlerin Paula Modersohn-Becker benannt ist, vor einem ausbreiten. Die Äste der Platanen umrahmen den idyllischen Übergang, werfen Schatten auf die Holzbretter und spiegeln sich malerisch auf der Wasseroberfläche. Die Blätter rascheln leise im Wind. Bei warmen Temperaturen verlockt das Örtchen dazu, die Schuhe auszuziehen, die Beine baumeln und die Fantasie schweifen zu lassen. Wo könnte der Wasserpfad hinführen und was erwartet einen am Ende? Wer Zeit hat, sollte hier unbedingt ein bisschen verweilen und sich einen Moment fort träumen. Es macht Spaß, sich etwas Verrücktes oder Märchenhaftes auszudenken. Das macht man viel zu selten.

Schritt für Schritt führen die Füße über Holzplanken und das seitliche Stahlnetz, das den Blick aufs Wasser freigibt. Noch zauberhafter wird die Verbindung zwischen Theater und Kunsthalle mit dem Einsetzen der Dämmerung: Kleine Lampen führen vom Goetheplatz vor der kleinen Steintreppe und ziehen sich den ganzen Steg entlang bis zum anderen Ende. Sobald es dunkel wird, leuchten die Lampen auf und verleihen diesem ruhevollen Brückenweg noch ein wenig mehr Magie, als er sowieso schon innehat.

- Paula-Modersohn-Becker-Steg, Zugang über Goetheplatz, 28203 Bremen
- ÖPNV: Straßenbahn 2, 3, Haltestelle Theater am Goetheplatz

Paula Modersohn-Becker Steg

30 Auszeit im Arboretum Neuenkoop

Bremen ist für viele Menschen die schönste Stadt der Welt. Und doch kann es vorkommen, dass man mal eine Pause braucht von all der Geschäftigkeit und sich in entlegene Länder träumt, zum Beispiel an einen tropischen Sandstrand, in die Sonne Südfrankreichs oder in ein dichtes Dschungelparadies. Nur für ein paar Stunden, das wäre doch was! Was für ein Glück, dass es nicht weit von der Hansestadt entfernt ein Baum- und Pflanzenparadies gibt: das etwa 2 Hektar große Arboretum Neuenkoop, eine sogenannte private Gehölzsammlung, von Dienstag bis Sonntag für Erholungsuchende geöffnet.

Hier blüht, duftet und farbverzaubert es zu jeder Jahreszeit, sogar im Winter. Denn neben den vielen heimischen Gehölzen gedeihen in Neuenkoop auch zahlreiche mediterrane und asiatische Pflanzen, die zeigen, wie abwechslungsreich ein Garten in unseren Gefilden sein kann. Der Trick dabei: Die robusten Gehölze sind so angelegt, dass sie die empfindlicheren Pflanzen schützend umgeben, und so recken auch viele Sorten, die wärmere Gefilde gewöhnt sind, ihre Köpfe hervor, sogar Bananen.

TIPP

Es finden öffentliche Führungen statt, aber auch private Führungen können gebucht werden.

Für ein Fernreisegefühl sorgen die liebevoll angelegten Themengärten, die mit Hecken voneinander abgegrenzt sind: ein trockener Steppengarten, ein wuchernder Dschungelpfad, die Gras- und Bambusgärten, ein Sandstrand mit Liegestühlen und ein marokkanischer Gang mit blau leuchtendem Bassin, in dem Lotusblumen blühen und Goldfische schwimmen. Es ist, als wäre man zu Fuß auf Weltreise. Tritt man durch Bambusdickicht, wähnt man sich plötzlich in Südfrankreich: ein Weinberg, Feigenbäume, Zitrusfrüchte und, wer zur rechten Zeit da ist, betörender Lavendel.

Aber es muss ja gar nicht immer so fern sein, oder? Regelmäßig findet in dem Landschaftsgarten die English Tea Time statt – stilecht und typisch englisch mit hausgemachten Scones, Shortbread, reichhaltiger Clotted Cream, Marmelade und natürlich Tee in feinem Porzellan.

● Arboretum Neuenkoop, Neuenkooper Straße 64, 27804 Berne
www.arboretum-neuenkoop.de

Essen unter freiem Himmel

31 Grillen am Waller Feldmarksee

Grillen ist für viele Menschen eine der schönsten Seiten des Sommers: draußen „kochen", in aller Muße zusammensitzen, schwatzen, trinken und frisch Gegrilltes genießen. Nicht jeder Stadtbewohner hat das Glück, einen eigenen Garten oder Balkon zu haben. Und auf den meisten Grünflächen im Stadtbereich ist das Grillen zum Schutz der Natur verboten. An Bremens Seen befinden sich jedoch häufig öffentliche Grillstellen für sommerliche BBQ-Zusammenkünfte und herrlich träge Stunden, zum Beispiel am wunderschönen Waller Feldmarksee. Er ist rund 13 Hektar groß, hat einen Badestrand und Sanitäranlagen sowie einen Kiosk.

Die Wiese ist weitläufig, rund um den See gibt es versteckte Nischen, kurz: ein perfektes Örtchen für faule Sommertage und -abende. Überall sitzen und liegen Grüppchen, die sich für den Müßiggang oder ein bisschen Bewegung verabredet haben. Nach Feierabend an einem heißen Tag lockt zunächst der Sprung in den kühlen See, ehe der Grill angeworfen wird. Dieser Duft aus Sonnencreme und brutzelnden (Tofu-) Würstchen ist doch einfach einmalig.

Wichtig: Von Einweggrills ist generell abzusehen. Nicht nur, dass die Dinger an sich schon viel zu viel Müll verursachen, sie beschädigen auch das Grün, auf dem sie stehen. Besser sind kleine Kugelgrills, die sich gut tragen lassen und durch ihre Beinchen genügen Abstand zum Gras wahren.

Und dann wird im Schneidersitz auf einer Decke geschmaust und das Leben genossen. Zwischendurch wird Fußball gespielt, Frisbee oder Federball. Wer am Nachmittag grillt, legt sich nochmal für eine Weile in die Sonne oder planscht erneut im See – natürlich mit der vernünftigen halben Stunde Wartezeit nach dem Essen. Auch nach Einbruch der Dunkelheit lassen sich laue Sommernächte hier in schönster Eintracht mit anderen Seefans verbringen. Am Ende wird der Müll selbstverständlich eingepackt oder in einem der Container entsorgt, und alle gehen satt und glücklich nach Hause.

● Waller Feldmarksee, 28219 Bremen

Riechen, hören, fühlen

32 Der Naturlehr- und Erlebnispfad im Stadtwald

Hand aufs Herz: Wer in der Stadt lebt, bekommt von der Natur als Lebensraum oft nicht so viel mit. Wie fühlt es sich an, barfuß über Waldboden zu laufen? Können Vögel hören, wenn ein gefährliches Tier ihren Baum hinaufklettert? Was schwimmt da auf den vielen Wasserwegen im städtischen Park? Nach dem Motto „Nur was der Mensch kennt, kann er schützen" lädt der Erlebnispfad dazu ein, mehr zu erfahren, die Natur lieben und verstehen zu lernen. Und das Beste: Dafür muss man gar nicht raus aufs Land fahren. Der Pfad ist mittendrin in der Stadt, im Bürgerpark.

Insgesamt 15 Stationen verteilen sich auf einen Rundweg von 3 Kilometern. Wer sich den Pfad aufteilen möchte oder einfach nicht so viel Zeit hat, nimmt die Abkürzung, die circa 1,5 Kilometer lang ist. Gestartet werden kann im Grunde überall und an jeder Station werden andere Sinne gefordert. So kann am Waldxylophon musiziert werden. Wie unterschiedlich die einzelnen Hölzer klingen! Und was tummelt sich alles im Wassergraben? Winzige Lebewesen sind mit der Lupe zu erkennen. Auch Wissen rund um Artenvielfalt wird vermittelt: Was ist das für ein Vogel, der so laut lacht? Welche Schneespuren werden welchem Tier zugeordnet? Und wen kann man alles treffen, wenn man mucksmäuschenstill am Beobachtungsstand steht? Der Pfad ist in erster Linie als außerschulischer Lernort gedacht, nichtsdestotrotz begeistert er durch die Mitmachstationen und Aha-Momente immer auch große Kinder und Erwachsene. Die Stationen enthalten neben Informationen zur Natur im Stadtwald vor allem Anregungen, Dinge auszuprobieren und seine Umgebung etwas genauer unter die Lupe zu nehmen.

TIPP

Es können auch Führungen bei der Bürgerparkverwaltung gebucht werden.

Wie alles im Bürgerpark wird auch der Naturlehr- und Erlebnispfad von Sponsoren und dem Bürgerparkverein finanziert. Um den lehrreichen Weg durch die urbane Natur weiterhin erhalten zu können, kann gern eine Kleinigkeit gespendet werden. So kann der Sinnespfad noch vielen Stadtkindern etwas beibringen und ein Ort voller wundersamer Entdeckungen werden.

- Naturlehr- und Erlebnispfad im Stadtwald, 28213 Bremen
- ÖPNV: Bus 22, Haltestelle Munte

Station 10
Kann man mit den
sehen?
Wenn die Füße erst einmal
Strümpfen und Schuhen
der Fußfühlpfad zur
die Sinne.
Wie nehmen wir Dinge wahr,
sehen sondern fühlen?
Werden bestimmte
Materialien stärker
mit offenen Augen?
Welches Material fühlt sich
angenehm an?
Ein Versuch lohnt sich!
Es funktioniert nur zu zweit!
Also Schuhe und Strümpfe
los geht´s mit geschlossenen
den Fußfühlpfad.
Die zweite Person führt
Viel Spaß dabei!

Ruheoase in der City

33 Im Bibelgarten am Knotenpunkt

Dieses idyllische Fleckchen Erde ist so zentral gelegen, dass es glatt übersehen werden kann. Denn wer in der Stadt unterwegs ist, hat meist etwas anderes vor und kommt gar nicht auf die Idee, nach einer Gartenoase für eine Auszeit zu suchen. Es ist wie in diesem Filmexperiment, in dem man den Gorilla, der durch das Bild läuft, nicht sieht, weil man nicht nach ihm Ausschau gehalten hat. Und doch ist er da, mitten im Herzen der City, direkt an der Domsheide und dem Verkehrsknotenpunkt des ÖPNV gelegen: der Bremer Bibelgarten.

Vielleicht ist das typisch für die hektischen Tage, die man in der Innenstadt zubringt, um Besorgungen zu machen. Und so lädt der Bibelgarten dazu ein, auf Stopp zu drücken und eine Pause einzulegen. Innehalten vom Alltag und vom Stress, aber auch von der Bewegung und von der Stadt.

Durch ein schmiedeeisernes Tor betritt man eine grüne Oase inmitten des Kreuzgangs. Rechts führt ein mit Efeu bewachsener Arkadengang bis zum Restaurant auf der Nordseite (übrigens mit hervorragendem und zuvorkommendem Personal!). Links befindet sich der angelegte Blumengarten mit schmalen Wegen, Figuren und einem Brunnen in der Mitte. Ein paar Bänke laden zum Ausruhen und Durchatmen ein. Zum Ärger vergessen, der sich während des Tages vielleicht angestaut hat. Zum Stadtplan aufklappen und den restlichen Urlaubstag planen. Zum Lesen. Oder auch einfach dazu, die Augen für einen Moment zu schließen.

Die Früchte und Pflanzen im Bibelgarten haben biblische Bedeutungen: Feigen als erste in der Bibel erwähnte Frucht, Ackerpflanzen, die schon Adam und Eva angebaut haben, die Distel als Feind, Granatapfel, Wein und mehr. In der Mitte des Gärtchens weist eine Figur des St. Jacobus darauf hin, dass Bremen einst eine bedeutende Pilgerstadt war und noch immer ein Teil des berühmten Jakobsweges ist, der in Norddeutschland Via Baltica heißt. Dieser Ort ist in jedem Fall wie geschaffen für Entschleunigung – ob als Pilger oder Ruhesuchender.

- Bibelgarten, Am Dom 1, 28195 Bremen
- ÖPNV: Straßenbahn 2, 3, 4, 6, 8, Bus 24, 25, Haltestelle Domsheide

Auf leisen Wegen

34 Mit dem Boot durch den Bürgerpark

So nah am Wasser, so eins mit der Natur – plätschernd gleitet das Holzbötchen durch das tümpelige Gewässer, gemächlich schaukelt man über die Wasserwege. Wer gut verhandelt oder einfach nur Glück mit der Begleitung hat, kann sich zurücklehnen, die Sonnenstrahlen im Gesicht genießen und träge nach Entenfamilien Ausschau halten. Aber auch wer mit anpacken und paddeln muss, wird grinsen vor Freude, weil es einfach so viel Spaß macht, im Bürgerpark durch die Kanäle zu dümpeln. Eine Wasserreise durch Bremens grüne Lunge ist besonders toll, wenn sich die Sommerhitze über die Stadt legt und der Wunsch nach Abkühlung groß ist. Aber auch im Frühling oder Herbst oder wenn es bremisch-typisch nicht allzu heiß ist, ist ein Ausflug mit dem Holzboot ein einmaliges Erlebnis. Im Schiffchen ist Platz für maximal vier Personen. Besonders romantisch ist es natürlich zu zweit. Zum Beispiel für einen lauschigen Hochzeitsantrag?
Bei einer wohlverdienten Pause können die Füße ins kühle Nass gehalten werden. Schaukelnd lässt man sich sein mitgebrachtes Picknick schmecken. Die Tour unter Brücken hindurch und an den schmalen, verschlungenen Wasserwegen entlang ist ungefähr 3,5 Kilometer lang. Sie führt vom Emmasee hoch zum Stadtwald, vorbei am Meiereisee, zurück zum Startpunkt an vielen Sehenswürdigkeiten, Wiesen, Bänken, Häuschen und der Tierwelt des Bürgerparks vorbei.
Wer keine Lust hat, selbst zu paddeln, kann auch auf das elegante Fahrgastschiff Marie umsteigen. Die Marie ist ein originalgetreuer Nachbau eines über hundert Jahre alten Schiffes und verkehrt in den Sommermonaten. Sie hält an vier Anlegern verteilt über den Bürgerpark, zum Beispiel am Tiergehege. Angetrieben wird sie von einem umweltschonenden, geräuschlosen Elektromotor, dessen Batterien über Nacht im Bootshaus wieder aufgeladen werden.

- Bootsverleih im Bürgerpark, Findorffallee, 28209 Bremen
- ÖPNV: Straßenbahn 8, Bus 22, Haltestelle Crüsemannallee

Geschichte(n) erwandern

35 Die Ozeanbrücke im Delmetal

Tapfer schlängelt sich die hölzerne Brücke über die sumpfigen Wiesen. Einst war sie nur ein kleiner Steg über das Flüsschen Delme, ein Zufluss von Ochtum und Weser, das dem Delmetal südwestlich von Bremen und dem Ort Delmenhorst seinen Namen verliehen hat. Ein kleiner Übergang, einzig zu dem Zweck errichtet, um Bewohnern von Harpstedt rechts der Delme den Zugang zum Örtchen Klein Amerika und vor allem zu seinem beliebten Gasthaus Amerika zu verschaffen. Ozeanbrücke, so heißt die Brücke in der Wildeshauser Geest. Ihren hochtrabenden Titel verdankt sie nicht etwa der naturgewaltigen Umgebung, die sie durchaus hat, sondern der Tatsache, dass sie nach Amerika führt, wofür man von hier aus bekanntermaßen einen Ozean überqueren muss. Doch warum Amerika? Der erste Siedler des Ortsteils und Erbauer des Gasthauses wanderte zuvor in die USA aus, verliebte sich dort, heiratete und kehrte schließlich mit seiner amerikanischen Frau zurück. Da sie unter Heimweh litt, wollte der Gatte ihre Sehnsucht mit dem Gasthaus ein wenig lindern. Das klappte zwar nicht und die beiden zogen zurück über den richtigen Ozean, aber die Gaststätte behielt ihren Namen.
Die Brücke, wie sie heute zu überqueren ist, wurde 2006 errichtet. Sie ist 175 Meter lang und führt durch den Harpstedter Wald. Auf einem rund 5 Kilometer langen Wanderweg lässt sich die Geschichte und Natur hervorragend erwandern und erfahren. Die Minitour startet in Harpstedt, verläuft je nach eingeschlagener Wegrichtung rechts oder links des Flusses bis zur Ozeanbrücke und von dort wieder zurück. Die schmale Holzbrücke, von Bäumen umrankt, hat etwas Wildes. Nicht furchteinflößend wild, sondern eher von unberührter Naturschönheit wild. Beim Überqueren genießt man die Waldfrische und denkt an die Geschichtchen, die mit der Brücke verbunden sind.

- Ozeanbrücke, Zum Voßmoor, 27243 Harpstedt, www.wildegeest.de
- ÖPNV: Bus 226, 227, Haltestelle Harpstedt Markt

Grüner Fußballjubel

36 Zu Besuch im WUSEUM im Weser-Stadion

Bremens Herz ist grün-weiß. Das liegt nicht (nur) am beliebten Export-Pils, das von der Hansestadt aus in die ganze Welt verschifft wird, sondern natürlich vor allem am Sportverein Werder Bremen. Jahr für Jahr wird Werder auf die vorderen Plätze der sympathischsten Bundesligavereine gewählt. Das hängt vermutlich auch damit zusammen, dass der Klub immer wieder erfolgsmäßig taumelt und sich dann erneut hochkämpft. Langweilige Siegesserien und erfolgsverwöhnte Spieler gibt es in der Hansestadt nicht. Wenn ein wichtiges, alles entscheidendes Spiel ansteht, sind nicht nur Weser-Stadion und Osterdeich, sondern die gesamte Stadt grün-weiß dekoriert und auf den Beinen.

Ein Muss für jeden Fan ist das kleine, aber feine Werder-Museum WUSEUM, sozusagen Archiv, Kuriositätensammlung und Zeitreisekapsel in einem. Werder Bremen wurde 1899 von ein paar Jungs auf dem Stadtwerder gegründet, die beim Tauziehen einen Lederball gewonnen hatten, mit dem man dieses neuartige, aus England stammende Spiel namens Fußball spielen konnte. Die Ausstellung zeigt, wie es mit dem heute so beliebten Verein begonnen hat, wie die atemberaubendsten Siege zustande kamen und wer die beliebtesten und größten Spieler sind. Aus nächster Nähe kann man hier die Papierkugel Gottes betrachten (die für die stolze Summe von 4510 Euro von einer Bietergemeinschaft für einen guten Zweck ersteigert und dem Museum zur Verfügung gestellt wurde), aber auch Karola, die unbeliebte Kabelmuffe. Wer jetzt nur Bahnhof versteht, sollte dem Museum unbedingt einen Besuch abstatten. Das WUSEUM ist kein riesengroßes Museum, in dem man stundenlang verweilen kann, aber es weckt auf jeden Fall viele schöne Erinnerungen an Fußball- und Zeitgeschichte und stimmt auf das bevorstehende Spiel ein.

TIPP

Bei einer Stadionführung lassen sich beide grün-weißen Glücksorte, WUSEUM und Stadion, an einem Tag besuchen.

● WUSEUM, Franz-Böhmert-Straße 1 c, 28205 Bremen, www.werder.de
● ÖPNV: Straßenbahn 3, Haltestelle Weser-Stadion

Umsteigepause

37 Der Hollersee hinter dem Bahnhof

Dieser Glücksort liegt nur wenige Schritte vom Bremer Hauptbahnhof entfernt: Raus aus dem Ausgang Richtung Bürgerweide, über das Messegelände und die Hollerallee und schon ist man da: am Hollersee mit dem malerischen Parkhotel, das den See majestätisch hervorhebt.
Oft sind hier fein gekleidete Brautpaare mit ihren Gästen zu beobachten, die Bilder von ihrem großen Tag machen. Denn das Standesamt ist nur ein paar Meter entfernt und die Umgebung aus See, prächtig blühenden Büschen, weißen Schwänen und nicht zuletzt dem herrschaftlichen Hotel am anderen Ende des Sees geben einen famosen Hintergrund für Hochzeitsbilder ab.
Nun erstmal ankommen und eine Bank aussuchen. Die Nähe zum Bahnhof spürt man nicht. Der See und die Parkbänke unter den Bäumen der Allee, die den See einrahmen, oder jene zur Straße hin unter freiem Himmel sind ideal, um ein bisschen Zeit mit lieben Besuchern zu verbringen, die in Bremen umsteigen und in der Hansestadt etwas Aufenthalt haben. Mit Kaffee und Kuchen oder gar einem mitgebrachten Picknick kann man sich die Zeit, bis der Zug abfährt, wunderbar versüßen und vertrödeln. Der Fußweg dauert nur wenige Minuten, dennoch lohnt sich der Weg vom Bahnhof aus erst, wenn die Umsteigezeit an eine Stunde heranreicht. Oder aber man wählt einfach den übernächsten Zug – je nach Lust und Zeit. Es ist so herrlich ruhig hier. Die zwei Schwäne ziehen gelassen ihre Bahnen über den See. Man könnte Stunden damit verbringen, ihnen zuzusehen und dabei selbst einen Gang runterzufahren.
Ein beliebtes Ziel ist der Hollersee auch einmal jährlich im September, wenn bei „Musik und Licht“ tausende Menschen zum See pilgern. Mit Decke oder Klappstühlen, Wein und Käse sowie einer dicken Strickjacke im Gepäck zieht es seit 1989 zahlreiche Bremer zu dem beliebten und kostenfreien Open-Air-Konzert. Die klassischen Klänge und das Lichtermeer ergeben einen romantischen Spätsommerabend, auf den man sich in Bremen Jahr für Jahr freut.

● Hollersee, Hollerallee, 28209 Bremen
● ÖPNV: Straßenbahn 5, Bus 26, 27, Haltestelle Bürgerpark

Auf Isegrims Spuren

38 Der Wolfskuhlenpark im Süden

Bremen ist märchenhaft! Nicht nur, dass es hier zauberschön ist mit den städtischen Winkeln, die historischen Charme versprühen, sowie verwunschenen grünen Entspannungsorten. Die vier Bremer Stadtmusikanten sind geradezu Aushängeschild und Beweis für Bremens Ruf als Märchenstadt. Die Deutsche Märchenstraße führt hier entlang und Esel, Hund, Katze und Hahn wollten einst ebenfalls unbedingt nach Bremen.

Im Bremer Süden befindet sich der Wolfskuhlenpark, in dem zwar nicht Rotkäppchen gesichtet worden sein soll, wohl aber Wölfe. Eine Legende besagt, dass hier eine Kutsche, die von Wölfen getrieben wurde, verunglückte und in einen Tümpel fiel. Um an diese Geschichte zu erinnern, ist der Park verziert mit Dutzenden stählernen Wolfstatzen, die vom Bremer Künstler Werner Henkel gestaltet wurden.

Der Wolfskuhlenpark ist ein ehemaliges Gehöft mit einer bescheidenen Größe von etwa 3 Hektar. Wege und Bäche mäandern durch das Gebiet und lassen es verwunschen und naturgestaltet erscheinen. Große alte Eichen, die sicher viel erzählen könnten, ergeben eine malerische Kulisse und schirmen die Oase gekonnt vom Lärm der nahe gelegenen Straßen ab.

Einzigartig in Bremen ist die hier nistende Graureiherkolonie. Rund 30 dieser majestätischen Vögel fühlen sich im Wolfskuhlenpark pudelwohl und brüten Jahr für Jahr in den hohen Bäumen. Besonders gut sind sie im Frühjahr von März bis April zu beobachten, da der Wald zu dieser Zeit noch unbelaubt ist und freie Blicke ermöglicht. Zur gleichen Zeit ist ein weiteres Spektakel in dem kleinen, auf den ersten Blick vielleicht eher unscheinbaren Park zu bewundern: Die Blüte der Anemone nemorosa, des Buschwindröschens, verwandelt das Gelände in ein weißes Blütenmeer, das von Weitem wie wundersam spät gefallener Schnee aussieht.

Der Wolfskuhlenpark klingt also gespenstischer, als er ist: Statt Wölfe kreuzen höchstens Eichhörnchen die Wege der Besucher und abends in der Dämmerung flattern allemal Fledermäuse über die Baumspitzen.

- Wolfskuhlenpark, Kattenturmer Heerstraße, 28277 Bremen
- ÖPNV: Bus 27, Haltestelle Wolfskuhlenweg

Karibik für einen Tag

39 Urlaubstag am Waller Sand

Bremen hat ja – obwohl es gar nicht direkt am Meer liegt – ein unvergleichlich maritimes und sehr norddeutsches Flair. Es sind die kreischenden Möwen, die großen Schiffe in der Überseestadt und die Sonnenuntergänge über der Weser, die das Meer Tag für Tag ganz nah erscheinen lassen.

Da es sich bei der Weser um eine Bundesschifffahrtsstraße handelt, ist das Baden nur an einigen wenigen ausgewiesenen Plätzen erlaubt. Dem Waller Sand tut das nicht wirklich einen Abbruch. Der Strandpark am Wendebecken in der Überseestadt vermag es, durch Dünen, die mit Kiefern, Strandgras und Sanddorn bewachsen sind, begehbare Anlegerstege, hölzerne Liegen und Sonnenschirme wahre Urlaubsgefühle aufkommen zu lassen. Die Füße im Sand, lassen sich hier die Containerschiffe beobachten, die zum Getreidehafen unterwegs sind, oder die Weserfähre, die zwischen Pusdorf und Molenturm sowie Pier 2/Waterfront pendelt. Wer den Ausflug zum Waller Sand bremenperfekt machen möchte, reist also mit der Fähre an. Im Gepäck am besten ein paar kühle Getränke und eine Kleinigkeit zu essen.

Wer kein absoluter Strand-Chiller und Nichtstuer ist, kann einen kleinen Spaziergang zum Molenturm machen. Der 100 Jahre alte Leuchtturm steht an der Spitze der Mole, die in die Weser ragt. Früher war hier die Außenstelle des Schifffahrtsamtes und alle Schiffe, die in den bremischen Häfen anlegen wollten, mussten hier vorbei. Als Molenfeuer ist der Turm noch immer im Dienst. Für Kinder ist der Wasserspielplatz mit Wasserpumpen ein idealer Zeitvertreib und nicht zuletzt auch eine gelungene Ablenkung, um nicht in die Weser hüpfen zu wollen. Durch eine gestalterische Unterbrechung mit Steinen und einem Weg ist die Abgrenzung des Strandparks zur Weser hin aber sowieso gut gelöst. So können auch Eltern ruhigen Gewissens am Waller Sand einen Urlaubstag genießen.

- Strandpark Waller Sand, Kommodore-Johnsen-Boulevard 40, 28217 Bremen
- ÖPNV: Bus 26, 28, Haltestelle Überseestadt-Nord

Geerdet fühlen

40 Yoga im Park in den Neustadtswallanlagen

Ein bisschen komisch ist das zunächst schon, mitten im Park auf der grünen Wiese die Matte auszurollen. Einige Passanten schauen neugierig herüber, Hunde und Kinder toben ein paar Meter weiter, vom nahe gelegenen Spielplatz ist Gelächter zu hören. Die Neustadtswallanlagen sind für viele Bremer ein Gartenersatz – hier scheint bis in die Abendstunden die Sonne und der Platz reicht aus für Badminton, Fußball und eben Yoga. Die Luft ist klar und frisch. Die Erde duftet. Vögel zwitschern, Menschen reden, Busse fahren auf der Langemarckstraße.

Hier Yoga zu machen, ist schon anders als im Studio oder im heimischen Wohnzimmer. Ruhiger und entspannter. Und das trotz der Öffentlichkeit. Es sind hauptsächlich Frauen im Kurs von Janice Allermann. Manche scheinen sich schon zu kennen, andere sind zum ersten Mal dabei. Es sind sowohl Anfängerinnen als auch fortgeschrittene Yogis dabei, was aber dem Spaß und der Herausforderung keinen Abbruch tut. Jede gibt so viel, wie sie heute vermag. Janice bietet sogar meist Varianten an, damit jede in ihrem Tempo bleiben kann. Es ist aber auch nicht wichtig, mit den Händen die Füße berühren oder Schwierigkeitsstufe 3 mitgehen zu können. Ganz gleich, was auf der Matte nebenan passiert. Bei einigen gedrehten Vorbeugen steht die Welt Kopf. Die vorbeifahrenden Radler sehen lustig aus, wie sie verkehrt herum über die Wege sausen. Die weitverzweigten Äste der großen Bäume bemustern den blauen Himmel. Perspektivenwechsel.

TIPP
Yoga im Park findet nur in den Sommermonaten statt, die aktuellen Termine stehen auf der Website.

In sich ruhen und zur Mitte finden ist etwas schwieriger, wenn man sich beobachtet wähnt. Aber genau dieses mitten im Alltag der anderen Yoga zu machen, sich völlig unbeeindruckt in den hinabschauenden Hund vertiefen und den Atem fließen lassen, verleihen Frieden und Gelassenheit. Herrlich! Man geht mit dem Flow im Herzen und diesem stolzen „Heute habe ich etwas zum ersten Mal gemacht"-Gefühl nach Hause.

- Yoga im Park, Neustadtswallanlagen, 28199 Bremen
  www.cominghometoyourself.net
- ÖPNV: Straßenbahn 1, 8, Bus 26, 27, Haltestelle Hochschule Bremen

Weserwildnis

41 Die Werftinsel in Gröpelingen

Es gibt Orte in Bremen, die auch für langjährige Liebhaber der Stadt noch ein Geheimtipp sind. So ergeht es vielen mit der Werftinsel hinter der Waterfront. Das schmale, langgezogene Eiland versteckt sich hinter dem Einkaufszentrum auf dem ehemaligen Fabrikgelände der AG Weser, die im Bremer Schnack „Use Akschen" genannt wird. Man erreicht das Idyll über einen Parkplatz und eine rund 70 Meter lange metallene Brücke.

Die Werftinsel ist beliebt bei Anglern, Erholungsuchenden, die aus der Einkaufsmall kommen, und einfach bei Menschen, die das Grün, die Abgeschiedenheit und die Weser lieben. Ein Weg führt rund um das kleine Inselchen, riesenhohe Pappeln schützen vor Wind und Wetter und lassen einen vergessen, dass man sich unmittelbar in einem ehemaligen Industriegebiet und vor einem noch immer aktiven Hafen befindet. Die Weser umspült das steinige Ufer. Die Klänge des geschäftigen Hafenbetriebs schwappen wie heruntergedreht hier und da herüber und vermischen sich mit Wind und Möwensingsang.

Im Süden gelangt man zum roten Molenturm mit Aussicht auf den Waller Sand und die entstehende Überseestadt. Nanu? Ein roter Molenturm? Wem das bekannt vorkommt, der liegt richtig: Der Molenturm Überseehafen Nord ist das rote Pendant zum liebevoll genannten Mäuseturm, dem Molenturm Überseehafen Süd, der grün lackiert ist und sich direkt gegenüber befindet. Beide zusammen markieren den Eingang zum Getreidehafen.

Auf der Westseite der Insel erblickt man das Lankenauer Höft, dahinter die Kräne aus den Neustädter Häfen und weiter oben im Nordwesten eine weitere von Menschen unbewohnte Insel. Sie wird Lankenauer Weserinsel oder auch Ziegeninsel genannt. Erreichbar ist sie nur per Boot, besiedelt ist sie von Seifen- und Johanniskraut, von Brandgänsen, Graureihern, Schnatterenten, Austernfischern, Nilgänsen, seltenen Heuschrecken, Schmetterlingen – und von weißen, langhaarigen Kaschgora-Ziegen. Noch so ein Stück unbekannte Weserwildnis.

● Werftinsel, 28237 Bremen
● ÖPNV: Straßenbahn 3, Haltestelle Use Akschen

Schönstes Panorama

42 Die Aussichtsplattform Metalhenge

Ein Müllberg als grüner Glücksort? Das klingt zunächst komisch. Denn nichts anderes ist es im Grunde, auf dem die Aussichtsplattform Metalhenge – längst ein Fotoliebling der Bremer geworden – im Sommer 2021 eröffnet wurde. Natürlich hat der Hügel nichts mit einem müffelnden riesigen Berg gemein, sondern wurde renaturiert, neugestaltet und begrünt. Die Aussicht ist wahrlich einmalig! Klar, zählt der Berg doch zu den höchsten Erhebungen Bremens. Nach Süden hin ist die Stadt zu erkennen, man sieht zum Beispiel den Fernsehturm in Walle, die Häfen und den Dom. Wie grün die Hansestadt ist! Und wie wenige Hochhäuser den Blick stören. Ehemaligen Stadtplanern und Vorschriften sei Dank! Nach Norden erstrecken sich die Kleingärten und die idyllischen Wümmewiesen mit Blockland. Die unbebaute Fläche ist ein echtes Naturparadies und das so wenige Kilometer von der Stadtmitte entfernt.

Vom Metalhenge lässt sich bei Tageslicht weit über Land und Stadt gucken und dank der Infotafeln mehr über die Astronomie an diesem besonderen Ort erfahren. Wer nach Einbruch der Dunkelheit hier ist, kann sich von einem beeindruckenden Sternenhimmel verzaubern lassen, der aufgrund der von der Stadt ein wenig entfernten Lage und der dadurch geringeren Lichtverschmutzung hervorragend zu sehen ist. Der verantwortliche Künstler Thomas Roth legte großen Wert auf den astronomischen Aspekt seines Werks und ließ sich für den Bau von Dieter Vornholz, dem ehemaligen Leiter des Olbers-Planetariums, beraten. Die metallenen Stelen, die an das englische Stonehenge erinnern sollen, bestehen aus alten, rostigen Spundwänden und stellen den Bezug zu Bremen als Hansestadt dar.

Nichtsdestotrotz sind es die Abfälle der Stadtbewohner, auf denen man steht. Wer sich auf der Aussichtsplattform befindet und sich seines Untergrunds bewusst macht, der genießt nicht nur das wunderbare Panorama, sondern fragt sich gewiss bei der nächsten Neuanschaffung oder dem nächsten Einkauf, wie es möglichst plastikfrei und mit weniger Abfall geht. Ein schöner Gedanke.

TIPP

Auf der Website steht ein spannender Audioguide rund um das Monument zur Verfügung!

- Metalhenge, Fahrwiesendamm, 28219 Bremen, www.metalhenge.de
- ÖPNV: Bus 20, Haltestelle Hohweg

Runde Sache

43 Discgolf im Weseruferpark in Rablinghausen

Wer auf der Suche nach einem maritimen Plätzchen direkt an der Weser mit Sandstrand, Weite und herrlicher Ruhe ist, für den ist der Weseruferpark in Rablinghausen genau der richtige Ort. Hier lässt es sich wunderbar spazieren, faulenzen und abschalten. Die Wege am Ufer und die Grünanlage eignen sich aber auch prima zum Sporttreiben, Toben mit den Kindern, Joggen oder sogar Golfen! Und zwar nicht klassisch mit Käppi, Trolley und Schläger, sondern mit Frisbees. Das Ganze ist ein Riesenspaß, man benötigt keine große Vorbereitung und so ist das Spiel auch ideal für Anfänger geeignet.

Es geht darum, die Discs ähnlich wie beim „normalen" Golf mit möglichst wenigen Würfen zum Ziel zu befördern. Beim Discgolf sind das Körbe, keine winzigen Löcher im Boden. Insgesamt ist etwas mehr Action dabei als auf dem Green. Die Korbpositionen, Bahnen sowie die Möglichkeit, die Frisbees zu wechseln, sorgen für Abwechslung. So verwendet man zum Beispiel einen sogenannten Driver zum Weitwurf, einen Midrange für kürzere Distanzen oder einen Putter zum finalen Einlochen, äh, Einkorben.

Wer Discgolf ausprobieren möchte, kann mit den üblichen Frisbeescheiben loslegen. Besser geeignet sind spezielle Discs, die aerodynamischer und dadurch stabiler sind und weiter fliegen. Von der Abwurfzone aus wirft man die Scheibe in Richtung des Fangkorbs und markiert dann die Stelle, wo die Scheibe gelandet ist. Von hier wird weitergespielt. Die Länge der Bahnen beträgt je nach Schwierigkeitsgrad zwischen 40 und 250 Metern. Bei Fragen steht der Drehmoment Disc-Golf-Verein Bremen e. V. gern zur Verfügung.

Das Tolle beim Discgolfen: Es lässt sich ohne große Anschaffungskosten starten. Auch die sportlichen Discs kosten keine Unsummen. Discgolf kann je nach Belieben etwas rasanter gespielt werden oder ganz gemächlich mit einem Kaltgetränk und einem Plausch mit den Freunden. Es ist für kleine Kinder genauso geeignet wie für ältere Menschen. Sozusagen ein perfektes Zusammen-Spiel!

● Weserufer DiscGolf Park, Rablinghauser Deich 45, 28197 Bremen, www.areal56.de
● ÖPNV: Bus 24, Haltestelle Rablinghausen

12

Es summt und brummt

44 Der Lehrbienenstand auf dem Lür-Kropp-Hof

Kein Grün ohne Bienen! Die meisten von uns haben es in den letzten Jahren bestimmt schon mal gehört: Die kleinen und eher unscheinbaren summenden Insekten spielen eine zentrale Rolle, wenn nicht sogar die zentralste Rolle, in unserer Lebensmittelproduktion. Bienen tragen Pollen von Blüte zu Blüte weiter und auf diese Weise bestäuben sie etwa 70 bis 80 Prozent aller landwirtschaftlichen Nutzpflanzen. Und nicht nur das: Durch das Weitertragen der Pollen und der damit einhergehenden Verbreitung von Pflanzen wird die Nahrungsgrundlage für allerlei Tiere geschaffen und so die Artenvielfalt erhalten.

Wie alles zusammenhängt, wie Bienen leben und wie wir dazu beitragen können, dass sich Bienen bei uns wieder wohler fühlen, wird auf dem Lehrbienenstand des Imkervereins Bremen von 1875 e. V. erklärt. Auf dem Lür-Kropp-Hof zeigen vier Schaubeuten (als Beute werden die künstlichen Behausungen von Bienen bezeichnet), wie das Bienenvolk lebt. Auch die Königin wird hier immer wieder gesichtet, wie sie Eier legt und sich von ihrem Hofstaat versorgen lässt.

Die Bienen auf dem Lehrbienenstand haben ganz unterschiedliche Heime: Lagden sind zum Beispiel halboffene Bienenstände, wie sie früher häufig in Norddeutschland, insbesondere in der Lüneburger Heide, zum Einsatz kamen; eher simpel und leicht zu bauen ist die Top-Bar-Hive, deren System auf traditionelle Bienenkörbe zurückzuführen ist; darüber hinaus sind Magazinbeuten zu finden, wie sie heute Standard sind. Auf dem Gelände sind außerdem Info-Schautafeln zu Bäumen, Vögeln und Bienenvölkern aufgestellt. Im Bienenspeicher, einem kleinen Museum, werden Gegenstände und Zubehör gezeigt, die für das Imkern benötigt werden oder in früherer Zeit verwendet worden sind. Zudem sind unterschiedliche Bienenbehausungen ausgestellt – historische, internationale und kunstvolle. Der Lehrbienenstand zeigt, wie vielfältig, faszinierend und vor allem schützenswert die Welt von Biene Maja ist.

TIPP

Von Mai bis August findet sonntags alle zwei Wochen ein Tag der offenen Tür mit Führungen statt.

● Imkerverein Bremen von 1875 e. V., Lehrbienenstand, Rockwinkler Landstraße 5, 28355 Bremen, www.bremer-imker.de

● ÖPNV: Bus 34, Haltestelle Simon-Herman-Post-Weg

So simpel, so gut

45 Burger essen in Woltmershausen

In Bremen sind die grünen Glücksorte oft auch ein wenig blau. Weil die Weser eben so schön und man am Wasser oft so glücklich ist. Und weil Bremen durch den Hafen und den Fluss immer auch etwas Maritimes verströmt. Einer dieser Plätze, an denen sich Grün und Blau nicht ausschließen, ist der simpleburger Foodtruck in Woltmershausen.

Der unaufgeregte Imbiss mit in kuscheligen Ecken zusammengestellten Palettensofagarnituren bietet viel, was Bremen so ausmacht: Hafenluft, Möwengeschrei, nette Menschen und ein süffiges Bierchen. Nicht zuletzt, aber nicht unbedingt brementypisch: die Burger. Die Auswahl an veganen und vegetarischen Burgern ist nicht nur größer als die Auswahl klassischer Varianten (der Inhaber ist Vegetarier!), sie sind sogar ausnahmsweise nicht mal teurer, was anderswo viel zu oft der Fall ist. Bravo! Nach dem Motto „Transparent. Regional. Echt." stammt das Welsh Black Rindfleisch vom Geesthof Mahnken in Rotenburg und wird dort artgerecht in Mutterkuhherden und an 200 Tagen im Jahr freilaufend gezüchtet. Regionale Saucenmanufakturen wie Riedels Ketchupmanufaktur liefern weitere Zutaten. Rundum-Wohlfühl-Genuss sozusagen.

Der Standort am Hafen in Woltmershausen kann sich nicht gerade auf Publikumsverkehr verlassen, dennoch ist hier an einem Sonntagnachmittag überraschend viel los. Guter Geschmack spricht sich eben herum. Der Stadtteil hinter der beliebten Neustadt mausert sich erst noch. Gegenüber befinden sich die Pusdorf Studios, die hier an der Hafenkante Konzerte, Veranstaltungsräume, Büros, Werkstätten und Ateliers offerieren. In Pusdorf ist es weit weniger schickimicki als an anderen angesagten Plätzen in der Innenstadt oder im Viertel. Dafür aber kommt man hier in den Genuss eines herrlich rustikalen und entspannten Nachmittags oder Abends direkt am Wasser mit allem, was man zum Glücklichsein so braucht: Lieblingsmenschen, Bremenflair, Kaltgetränke und leckeres Essen.

● simpleburger Hafenkante, Ladestraße 12, 28197 Bremen, www.simpleburger.de
● ÖPNV: Bus 24, Haltestelle Akazienstraße

Fitness im Grünen

46 Der Gesundheitspark Speckenbüttel

Es tut so gut, den Körper zu bewegen! Manches Mal muss man dafür zwar den inneren Schweinehund überwinden, aber das lohnt sich doch fast immer. Für Sport und Bewegung muss es nicht zwangsläufig ein teures Fitnessstudio oder eine Vereinsmitgliedschaft sein, in Bremerhaven lockt der Gesundheitspark Speckenbüttel mit abwechslungsreichen Ideen zur sportlichen Betätigung. Wie wäre es mit einer kleinen Lauf- oder Walkingeinheit mit anschließenden Fitnessübungen im Parcours? Wer es gemächlicher mag, nutzt die Kneippanlage zum Wassertreten, trainiert das Körpergefühl im Motorikpark oder mietet ein Tretboot und genießt den Wellnesspark von der Wasserseite aus. Actionreicher geht es auf der BMX-Fläche, auf der Spielwiese oder beim Streetball zu. Jede Woche könnte man etwas anderes ausprobieren – Ausreden haben also in Bremerhaven keine Chance!

Nicht nur für die körperliche Fitness, auch für das seelische Wohlbefinden hat der Stadtpark einiges zu bieten. In der Allee der heilenden Bäume erfahren Interessierte mehr über pflanzliche Heilkräfte. 52 Bäume stehen in der 290 Meter langen Allee, darunter 13 verschiedene Arten, die in der Volksheilkunde eine bedeutende Rolle spielen. Im stetig wachsenden Weidenschloss, ein 12 Meter hohes „lebendes“ Bauwerk, lässt es sich herrlich durchatmen und abschalten. Auch der Barfußpfad lädt dazu ein, Achtsamkeit zu praktizieren. Wie lange ist es her, dass man barfuß über verschiedene Untergründe gelaufen ist! Wie das kitzelt und kratzt, hier ist es weich, dort ganz fest.

Die Parkanlage ist 70 Hektar groß. Neben den Flächen für Sport und Wellness gibt es ein Freilichtmuseum, in dem man das bäuerliche Leben in Geest, Marsch und Moor kennenlernen und historische Bauernhäuser besichtigen kann.

Einmal jährlich lassen sich Besucher von den Lichtinstallationen des Theatralen Lichterspektakels verzaubern. Dabei wird der Gesundheitspark nach Einbruch der Dunkelheit in eine magische Atmosphäre getaucht.

● Gesundheitspark Speckenbüttel, Marschenhausweg 3, 27580 Bremerhaven
● ÖPNV: Bus 509, Haltestelle Marschenhaus

Abendlicher Parkgenuss

47

Bierchen und Kultur im Kukoon

Wenn sich der Tag zum Abend neigt, funkelt die Sonne durch die hohen Bäume und das dichte Blattgrün. Fast als wolle sie mit den bunten Lampionketten, die von Ast zu Ast gespannt sind, um die Wette leuchten. Die Rede ist vom Außencafé des Kukoon, das in den Sommermonaten seine Zelte, oder vielmehr seine Jurte, samt Tischgruppen und Sonnensegel im Leibnizplatzpark aufgeschlagen hat.

Der Name Kukoon steht für „Kulturkombinat offene Neustadt". Das Kollektiv setzt sich zurzeit aus knapp 30 Menschen zusammen, die Raum für Kultur, Kommunikation und Kulinarisches schaffen möchten. Neben kulinarischen Angeboten wie Kaffee, Kuchen, Vorspeisenköstlichkeiten und allerlei Getränken (auch frisch gezapftes Bier!) finden auf der Kukoon-Fläche Lesungen, Diskussionen, Vorträge und Konzerte statt. Das Programm dreht sich vornehmlich um politische und soziale Fragen rund um das aktuelle Weltgeschehen.

Nebenan auf der Liegewiese im Park verbringen Menschen ihren (Feier-)Abend auf mitgebrachten Decken oder beim Sport. Man sieht sie Badminton oder Volleyball spielen. Dort drüben ist eine Slackline gespannt, auf der einige ihre ersten Schritte machen und manch andere gekonnt und leichtfüßig ihre Runden drehen. Wieder in einer anderen Ecke turnen Leute beim Acroyoga zirkusartig halsbrecherische Figuren mit Hand-, Kopfstand und mehr.

Nicht nur abends, auch tagsüber ist das Kukoon im Park eine wundervolle Anlaufstelle für Speisen, Getränke und eine Ruhepause unter schattigen Baumriesen. Zum Beispiel für eine der grünsten und erfrischendsten Mittagspausen der Stadt. Das Mittagsgericht ist immer vegetarisch oder vegan, selbstredend frisch und sogar mit Dessert. Die Preisspanne liegt zwischen 7,50 Euro und 9,50 Euro. Wie auch im Kukoon wird nach eigenem Ermessen gezahlt – das bedeutet, wer mehr geben kann, gibt mehr. Wer nicht, zahlt nur das Minimum. In die Pfanne und in den Topf und letztendlich auf den Teller kommen fast nur regionale Produkte aus ökologischer Erzeugung.

● Kukoon im Park, Neustadtswallanlagen, Leibnizplatzpark, 28201 Bremen
www.kukoon.de
● ÖPNV: Straßenbahn 4, 6, Haltestelle Leibnizplatz

ÖFFNUNGSZEITEN
Di-So 12-22:30
Mittagstisch
Di-Fr 12-14
Küche Abendkarte
Di-Fr 18-21:30
Sa & So 16-21:30

Land of Green

48 Übernachten im Naturresort Worpswede

Man wacht naturgemäß ein wenig früher auf als üblich, wenn man so inmitten der Vögel übernachtet und von ihrem ersten frühmorgendlichen Trillern aufgeweckt wird. Der Wald wird munter und mit ihm das Rascheln seiner Bewohner, bei denen man zu Gast ist. Vater Eichhörnchen ist auch bereits unterwegs und holt ein paar frische Nüsse zum Frühstück. Das eigene Frühstück kommt auf Bestellung in Form von Brötchen und einem Frühstückskorb.
Das hölzerne Baumhaus über zwei Etagen ist perfekt ausgestattet für eine absolut geruh- und erholsame Auszeit mitten in der Natur. Alle drei Baumhäuser im Naturresort Land of Green verfügen über eine Wohnfläche von knapp 30 Quadratmetern auf zwei Ebenen mit Wohnbereich, Küche, Kamin und Dachterrasse. Auf letzterer befindet sich eine grandiose Outdoor-Badewanne für Entspannungszeit pur. WLAN ist zwar vorhanden, aber zum richtigen Abschalten und Digital Detox zwischen Fichten, Eichen, gefiederten Genossen und Eichhörnchen könnte man das Handy doch einfach mal weglegen.
Auch an kalten Tagen sind die Baumhäuser durch den Kamin und die Heizung eine gemütliche Bleibe für einen unvergesslichen Wochenendausflug. Wie auch die Tiny Houses auf dem Gelände tragen die Baumhäuser mit Otto, Hermine und Clara die Namen berühmter Worpsweder Künstlerinnen und Künstler.
Das Tiny-House-Dorf ist nicht nur zum Urlaubmachen gedacht, sondern auch zum Probewohnen für alle, die selbst mit dem Gedanken spielen, sich Richtung minimalistisches Leben und Wohnen zu orientieren. Ferner können Erholungssuchende in Zelten, Campingwagen sowie in der Safari Lodge und im Baumzelt nächtigen. Immer in harmonischer Nähe und Verbindung zu Mutter Natur. Ein echtes Erlebnis ist der Spa-Bereich: Mitten in der Natur kann man entweder im schwedischen Holzbadefass oder in der Sauna relaxen.

TIPP
In der Umgebung kann man Kanu fahren, am Hammestrand baden oder die Künstlerkolonie Worpswede besuchen.

- Land of Green Naturresort, Waakhauser Straße 20, 27726 Worpswede
  www.landofgreen.de
- ÖPNV: Bus 611, 636, 640, Haltestelle Worpheim/Waakhauser Straße

Küstenfeeling

49 Im Wäldchen beim Café Sand

Viele Orte in Bremen laden zur Entspannung an der Weser ein: je nach Vorliebe und Bedarf ganz stadtnah und mit viel Getümmel oder das Gegenteil – ruhig, grün und abgeschieden. Sozusagen das Beste aus beiden Welten vereint das Café Sand, oder besser: das waldige Plätzchen ein paar Meter flussabwärts. Etliche Sträucher und Bäume spenden kühlen Schatten und sorgen für Windstille und Abgeschiedenheit. Der feine Sand unter den Füßen verleiht Urlaubsgefühle und die sanft plätschernde Weser bringt den Geist meditationsmäßig zur Ruhe.

Es duftet nach Wasser und Bäumen. Stundenlang könnte man hier sitzen oder liegen und unbeschwerte Stunden damit verbringen, zu lesen und sich zu sonnen. Für manch einen ist das ja so gar nichts, einfach nur faul herumzuliegen und nichts zu tun. Für ebenjene warten beim Café Sand ein Beachvolleyballfeld und ein abgesperrter Badebereich zum Abkühlen. Die geteerten Wege hinter der Böschung können prima mit Inlinern oder dem Rad befahren werden – bestens geeignet für die Anreise oder den Bewegungsdrang zwischendurch.

Die Betriebsamkeit am Café Sand kommt ab und zu mit einer Windböe herübergeweht. Sie erinnert daran, dass die Gelegenheit für Pommes, Bratwurst, Eis und kühle Getränke gar nicht so weit weg ist, wie es sich anfühlt. Die Snacks lassen sich entweder mitnehmen oder vor Ort auf Bierbänken genießen. Im Restaurant geht es etwas gediegener zu. Kaffee und Kuchen sind hier ebenso erhältlich wie leckere Speisen zum Frühstück, Kleinigkeiten zum Mittag oder einem perfekten Urlaubstag-Abschlussessen auf der Terrasse mit Sundowner-Blick und Drinks.

Mit dem Fahrrad oder noch urlaubiger mit der Sielwallfähre ist man von den innenstadtnahen Vierteln schnell hier am Mix aus schattiger, abgeschiedener Böschung und Trubelplätzchen Café Sand. Beides ist übrigens nicht nur an sonnigen Sommertagen schön, sondern ganzjährig ein hervorragendes Ausflugsziel für entspannte und naturnahe Stunden.

- Café Sand, Strandweg 106, 28201 Bremen, www.cafe-sand.de
- ÖPNV: Straßenbahn 4, 6, 8, Bus 24, Haltestelle Wilhelm-Kaisen-Brücke; Sielwallfähre vom Osterdeich

Abenteuerland

50 Outdoor-Spiele in Bremen Osterholz

Wenn man erwachsen wird, gibt es Dinge, die man komischerweise entweder gar nicht mehr oder nur noch selten macht – ausgelassen spielen zum Beispiel, ohne an das nächste To-do zu denken. Wer jetzt nachdenken muss, wann der Kopf das letzte Mal frei von wichtigen Aufgaben, aber dafür voller Flausen war, und wer jetzt Lust bekommen hat, sich einfach mal wieder einem Spiel hinzugeben, kann sich auf dem Gelände von Adventure Golf in Bremen Osterholz austoben: mit Beach Badminton, Fußball- und Golf-Dart, abenteuerlichem Minigolf oder Outdoor-Kegeln. Alles unter freiem Himmel.

Adventure Golf ist das Flaggschiff der Anlage und sozusagen ein Mix aus klassischem Golf und Minigolf. Der Trendsport kommt ursprünglich aus den USA und erfordert Kreativität, Geschick und visuelles Um-die-Ecke-Denken. Die Bahnen sind mit diversen natürlichen Hindernissen wie Wasserläufen, Sandfallen, Hügeln, Bäumen und Felsbrocken gespickt. Im Gegensatz zum Minigolf, bei dem die Bahnen ja üblicherweise nicht betreten werden dürfen, spielt man hier direkt auf dem Rasen und mitten auf dem Grün. Das verleiht einem ein wenig das Gefühl, als sei man ein großer, tollpatschiger Riese, der sich unerlaubterweise auf einem Golfplatz herumtreibt. In Osterholz gibt es insgesamt 18 Bahnen, die von Zeit zu Zeit verändert werden, damit das Spiel auch für Stammgäste spannend bleibt.

Neben dem Abenteuergolf warten weitere verrückte Spielmöglichkeiten auf die Besucher. So wird beim Fußball- oder Golf-Dart auf eine riesige Dartscheibe gezielt. Dank einer Klettbeschichtung bleiben die Bälle hängen und man kann nach den Schüssen in Ruhe die Punkte zusammenrechnen. Die kleinen Flächen sind besonders knifflig zu treffen und versprechen daher – wie beim klassischen Kneipen-Dart – doppelte oder dreifache Punkte. Aber zum Glück geht es ja nicht allein ums Gewinnen, sondern vielmehr um die Abenteuerlust und darum, mal wieder etwas zum allerersten Mal gemacht zu haben.

● Adventure Golf Bremen, Gottfried-von-Cramm-Straße 3, 28307 Bremen
www.adventure-golf-bremen.de
● ÖPNV: Straßenbahn 1, Haltestelle Werner-Steenken-Straße

Exponierte Lage

51 Der Stadtgarten Vegesack

Parkanlagen im städtischen Umfeld dienen der Zuflucht ins Grüne. Zum Spazierengehen, als willkommene Abwechslung zu Lärm und Betongrau und nicht zuletzt zum besseren Durchatmen. Der Stadtgarten Vegesack vereint all das und ist der perfekte Ruhepol für Erholungsuchende. Die Lage direkt an der Weser ist einmalig, die großen Schiffe scheinen zum Greifen nah vorbeizuziehen, gegenüber werden in den Werften von Lemwerder die schicksten Jachten dieser Welt gebaut. Mit den steilen Hängen und Treppen zeigt sich der Stadtgarten für die Hansestadt von eher untypischer Seite.

Angelegt wurde der Stadtgarten 1790 vom Vegesacker Botaniker und Arzt Albrecht Roth, der am Hang ein Sommerhaus besaß. Mehr als 600 Gewächse heimischer und exotischer Herkunft wurden damals gepflanzt. Noch immer sind rund 180 Arten hier zuhause. Die privaten Gärten wurden später nach und nach in die öffentliche Fläche umgewandelt, die heute als Stadtgarten bekannt und beliebt ist. Im Jahr 2000 erwarb die Stadt das letzte Grundstück. Unten fließt die Weser ihrer Wege, es schließt sich eine Promenade an, an der häufig Veranstaltungen wie der Logger Markt und das Festival Maritim stattfinden, und die Teil der Maritimen Meile Vegesacks ist. Oben reihen sich elegante Villen und Kapitänshäuser in der Weserstraße aneinander, die über Treppen erreichbar ist.

Ein spannendes Lern- und Wissensangebot sowie Möglichkeiten zum Spielen und Sporttreiben runden dieses grüne Juwel im Bremer Norden ab: Kinder können sich am Piratenschiff oder an Klettergerüsten austoben, Kulturfans finden verschiedene Denkmäler im Park, Naturliebhaber können ihr Wissen rund um die Pflanzenwelt an den Infotafeln erweitern und Menschen mit Bewegungsdrang können an den öffentlichen Trimm-dich-Geräten aktiv werden. Der Stadtgarten Vegesack ist eine Parkanlage, in der sich die Jahreszeiten wunderbar erleben lassen – durch bunte Farben, betörende Gerüche und den prächtigen Wuchs der vielen Sträucher, Bäume und Blumen.

TIPP

Eine Liste aller Gehölze mit Beschreibung und Standort ist auf der Website des Stadtgartens zu finden.

● Stadtgarten Vegesack, Gerhard-Rohlfs-Straße 62, 28757 Bremen
www.stadtgarten-vegesack.de
● ÖPNV: NordWestBahn RS1, Haltestelle Bahnhof Vegesack

Pflege ohne Firlefanz

52 In der Seifenmanufaktur Martha's Corner

Im Badezimmer geht auch bei umweltbewussten Menschen oft noch ein wenig mehr Nachhaltigkeit. Festes Shampoo oder Duschgel ohne Plastikverpackung ausprobieren zum Beispiel. Oder ein Deo, das sich wieder auffüllen lässt. Martha's Corner in der Überseestadt (und in einigen „grünen" Läden in Bremen) macht den ersten Schritt und das Testen wunderbar einfach. So viele schöne Pflegeprodukte für Haut und Haar – einige ganz rein und unbeduftet, andere mit einem dezenten Odeur verfeinert. Oberste Priorität für die Seifentüftlerin: Wann immer möglich werden fair gehandelte Rohstoffe verwendet, die Herstellung ist immer umweltschonend (zum Beispiel durch den Bezug von Ökostrom) und alle Produkte kommen gänzlich ohne Palmöl und synthetische Duft- und Farbstoffe aus.

Bei Martha's Corner in dem charmant rustikalen Backsteingebäude gibt es Seifen, Gesichts- und Körperöle, festes Shampoo, Zuckerpeelings, Pflege für Körper und Gesicht, Deos sowie Zubehör. In der kleinen Waschbar können die Seifen ausgiebig auf Duft und Schaum getestet werden. Künftig wird es auch Kurse rund um das Anrühren von Pflege für Körper und Gesicht, Babyprodukten und Putzmitteln geben.

Der Fokus auf Nachhaltigkeit zieht sich nicht nur durch das Sortiment, sondern auch so gut es geht durch den Verwaltungs- und Herstellungsprozess. So ist die Inhaberin mit ihrer Manufaktur Mitglied im Bündnis für Mehrweg und verzichtet weitestgehend auf plastikhaltige Verpackungen. Printprodukte werden mit Bio-Farben auf Recyclingpapier gedruckt und klimaneutral verschickt. Es ist zudem möglich, die Seifen auch ohne Verpackung zu erhalten. Die meisten Produkte kommen ohne tierische Fette aus, nur wenige sind mit Bienenwachs und Honig hergestellt.

Die Gründerin heißt übrigens Claudia – wieso dann Martha's Corner? Ganz einfach: Haus- und Hofkatze Martha, die die Inhaberin von ihrer Ecke aus beobachtet und stets mit sanftem Schnurren zu beruhigen vermag, war Namenspatin.

● Martha's Corner, Fabrikenufer 113, 28217 Bremen, www.marthas-corner.de
● ÖPNV: Straßenbahn 3, Haltestelle Jadestraße

MARTHA'S
WASCHBAR
*Neu * Neu * Neu*
KAFFEE-SEIFE MIT ♡
PEELING-EFFEKT
75g €7,- (100g €9,33)
MIT KOKOSÖL, OLIVENÖL, SHEA-BUTTER, RAPSÖL, MANDELÖL + KAFFEE
SEIFENMINIS ♡
-VERSCHIEDENE SORTEN-
MARTHA'S
KAFFEE SEIFE
MIT BABASSU*- ODER KOKOS-ÖL* UND FAIR GEHANDELTER NATUR-SHEA BUTTER
180 ML € 17,90 (100 ML / € 9,94)
75 ML € 9,- (100 ML € 12,-)
50 ML € 6,50 (100 ML € 13,-)

Ein echtes Juwel

53 Das Naturschutzgebiet Teufelsmoor

Ein Glücksort im Moor? Aber ja! Wenn man die schaurigen Märchen beiseiteschiebt, wird der Blick frei für eine der schönsten und eindrucksvollsten Landschaften in Norddeutschland.

Das Naturschutzgebiet Teufelsmoor erstreckt sich nördlich von Bremen zwischen Worpswede, Hambergen und Osterholz-Scharmbeck. Es bietet nicht nur eine reizvolle Naturumgebung für Wanderungen und Entdeckungstouren, sondern ist auch pickepackevoll mit Events und kulturhistorischer Bedeutung.

Wanderungen können auf eigene Faust oder geführt unternommen werden. Die Tourenvorschläge des Kulturlandes Teufelsmoor reichen von sogenannten „Eine Stunde raus"-Spaziergängen von ungefähr 5 Kilometer Länge bis hin zu längeren Tageswanderungen, naturkundlichen Führungen und lehrreichen Bildungszeiten rund um Moor und Klimawandel.

TIPP

Die AusZeitHöfe in der Moorregion machen eine Pause vom Alltag möglich – mit Yoga, Waldbaden und mehr.

Das Moor ist kein nebelverhangenes braunes Gebiet mit schlappen Sträuchern und toten Bäumen, sondern erstaunlich lebendig und vielfarbig: blaue Gewässer, saftige grüne Wiesen und Büsche, im Spätsommer und Herbst gesellen sich goldene Töne hinzu. Wenn sich Nebel über den feuchten Sümpfen bildet, wird der Landstrich in ein magisches Licht getaucht.

Nicht nur Naturfans kommen bei Wanderungen, entspannten Radtouren ohne allzu viel Steigung, beim Schwimmen oder beim Wassersport auf ihre Kosten im Teufelsmoor. Die Region zog schon früher bedeutende Künstler an, die sich hier niederließen und die Künstlerkolonie Worpswede gründeten. Auch heute noch wird mit verschiedenen Events wie Theateraufführungen und Konzerten sowie Museen, Galerien und Kunsthandwerk viel Wert auf Kunst und Kultur gelegt. Von besonderer Bedeutung ist zudem die Geschichte der Torfkahnfahrten, mit denen die hier lebenden Torfbauern den im Moor gestochenen Torf in die umliegenden Gemeinden gebracht haben. Auf historischen Kahnfahrten kann man auf ihren Spuren wandeln und mehr über ihre Geschichte erfahren.

- Teufelsmoor, www.kulturland-teufelsmoor.de
- ÖPNV: Regionalzüge nach Ritterhude, Osterholz-Scharmbeck, Hambergen oder Bus 640, 670 nach Worpswede; an den Wochenenden und an Feiertagen verkehrt von Mai bis Oktober ein historischer Moorexpress

Hemelinger Karibik

54 Kult(ur)-Location Die Komplette Palette

Die Komplette Palette fügt sich ohne großes Aufsehen in das Hafengelände in Hemelingen ein und passt so gut hierher, als würde sie schon immer hierhergehören. Und eigentlich ist es auch so. Gefühlt jedenfalls. Es ist ein Ort des unaufgeregten Miteinanders und des Miteinander-Machens. Als Beinamen trägt der Veranstaltungsort am Sporthafen ganz unbescheiden den Namen Das kleine Paradies. Für die Fläche werden Materialen verwendet, die andere Menschen und Firmen nicht mehr benötigen. Jahr für Jahr entsteht auf diese Weise eine Art Collage aus Möbeln, Spielgeräten und Dekorationselementen. Was Neues aus Altem in Zusammenarbeit mit allen, die mitmachen wollen.

Im karibischen Hemelingen finden die Besucher alles, was sie für einen sommerlichen Ausflug benötigen: kühle Getränke an der Bar, Leckereien, einen Strand, einen Kanu- und SUP-Verleih, eine Rutsche ins Wasser, Spielgeräte, eine Kletterwand, Kunst, Konzerte und vieles mehr. Manches als Event und Aktion, manches den ganzen Sommer lang. Es lohnt sich also, den Weg in diese für die meisten eher unbekannte Ecke anzutreten. Hier darf sogar gebadet werden! Der Weserzugang ist flach und ungefährlich. Dennoch geschieht das sogenannte #abwesern immer auf eigene Gefahr und ohne Beaufsichtigung durch die DLRG. Die Sportboote und Güterschiffe sollte man also immer im Auge behalten und auf gar keinen Fall versuchen, ans andere Weserufer zu schwimmen, das vielleicht verlockend nah aussieht, aber doch ein ganz schönes Stück entfernt ist.

Vierbeiner sind willkommen, es wird aber darum gebeten, sie nicht laufen zu lassen, um andere tierische Mitbewohner der Palette wie Kaninchen, Ratten, Fasane und andere Vögel nicht zu belästigen oder gar zu verjagen. Die Komplette Palette ist kein Palmen-und-weißer-Sandstrand-Paradies – sie ist eine rustikal-gemütliche Oase, die die Umwelt und alle Bremer schätzt und willkommen heißt.

● Die Komplette Palette/Das Kleine Paradies, Zum Sporthafen Hemelingen 8, 28309 Bremen, www.dkp.online
● ÖPNV: Bus 29, 42, Haltestelle Fuldahafen

Noch ein Stück weiter

55 Der Habenhauser Deich im Osten der Stadt

Der Habenhauser Deich ist von der Bremer Innenstadt weiter entfernt als andere Sommer-Sonne-Lieblingsorte. Dafür ist es hier menschenleerer und naturvoller. Der unmittelbare Einzugsbereich ist kleiner als beispielsweise am Werdersee. Alle, die aus der Neustadt, Findorff oder anderen Stadtvierteln zum östlichsten Rand Bremens zu Besuch kommen wollen, haben ein gutes Stück Weg vor sich. Das trägt maßgeblich zur Idylle dieser kleinen Weserstrandperle bei.

Zwischen Werdersee und Weser wurde ein Altarm der bremischen Lebensader künstlich wiederbelebt, sodass auf einer Länge von rund 500 Metern eine naturnahe Bucht mit Flussaue entstanden ist. Ziel des Projektes war, neben der Errichtung einer Ufer-Naherholungsfläche wie in Rablinghausen oder Hemelingen, der Pflanzen- und Tierwelt ein Stück Heimat zurückzugeben, die mit der Begradigung der Weser verloren gegangen ist. Kleine Inseln in der Aue dienen für Vögel und andere Tiere nun wieder als Ruhezone, Schlaf- und Nistplatz.

Erholungsort für uns Menschen ist unter anderem der kleine, aber feine Sandstrand am Ufer des südlichen Auenstücks. Die Weser gilt an dieser Stelle als inoffizieller Badebereich, also ohne DLRG-Station oder sanitäre Anlagen. Dicke Containerpötte oder andere Schiffe kommen hier aber gar nicht vorbei und stellen demnach keine Gefahr für große und kleine Wasserratten dar. Das Sandparadies mit Weserabkühlung lädt an schönen Tagen zum Planschen und an weniger schönen Tagen zum Durchatmen und Füße-ins-Wasser-halten ein. Der schräg gegenüberliegende Bootsbetrieb in Hemelingen sorgt für einen maritimen, fast ferienartigen Flair.

Wer jetzt Lust bekommen hat, noch weiter zu laufen oder zu radeln, und noch mehr Erholungsspots abseits von allzu bekannten grünen Glücksorten kennenlernen möchte, kann dem Habenhauser Deich einfach folgen. Er geht über in den Arster Weserdeich und gemeinsam sind sie Teil des Weser-Radwegs von Hannoversch Münden bis Bremerhaven.

- Badestrand Habenhausen, Deichland 117, 28279 Bremen
- ÖPNV: Bus 26, Haltestelle Staustraße

Lila Glücksort

56 Eine Million Krokusse in Oberneuland

Was für ein betörender Anblick! Inmitten der noch blätterlosen Bäume und dem noch nicht wieder ganz grünen Gras suhlen sich unzählige violette Blumenköpfe im Rampenlicht. Nach einem langen und grauen Winter ist die Freude jedes Mal groß, wenn in Oberneuland die lila Krokusse in Blüte stehen. Zwischen der Franz-Schütte-Allee und dem Spazierweg am Achterdiekpark schlängelt sich die Blumenpracht unter den Bäumen entlang.

Initiator der Aktion war vor einigen Jahren Timo Ehlers, Herausgeber des Oberneuland-Magazins. Monatelang hat er dafür Spendengelder gesammelt, um das rund 60.000 Euro teure Projekt finanzieren zu können. Im Jahr 2012 hat er dann gemeinsam mit den Umweltbetrieben Bremen die Blumenzwiebeln gesetzt und seither erfreuen die Blumen jedes Jahr im Frühling für einige Wochen alle, die hier vorbeikommen – im Auto, zu Fuß, joggend, auf dem Rad oder mit dem Hund.

Rund 1,5 Kilometer lang ist das violette Blumenband. Die Sorte heißt Ruby Giant und gilt als besonders unkompliziert. Gut gewählt – auch lange Bremer Winter konnten den Blümchen bisher nichts anhaben. Die Ruby Giants zählen zu den prächtigsten Vertreterinnen der Elfen-Krokusse. Sie sind relativ groß und besonders raffiniert gefärbt. Nach dem Wintergrau ist der Farbeneffekt noch schöner und knalliger. Da sich Krokusse selbst vermehren, wird das purpurlilane Band Jahr für Jahr immer breiter.

Oberneuland ist einer der grünsten Stadtteile von Bremen und liegt inmitten der Wümmeniederungen. Das Dorf in der Stadt ist geprägt von alten Bauernhöfen, herrlichen Baumbeständen und hutzeligen reetgedeckten Fachwerkhäusern, die an die Zeit erinnern, als die Dörfer Oberneuland und Rockwinkel noch eigenständig waren und mit der Stadt nicht allzu viel am Hut hatten. Gut situierte Bremer gönnten sich in der idyllischen Gegend schon damals ihre Sommersitze und Herrenhäuser. Daher lassen sich in Oberneuland wunderschöne alte Villen und Parkanlagen bewundern.

- Krokusse in Oberneuland, Franz-Schütte-Allee, 28355 Bremen
- ÖPNV: Bus 33, 34, Metronom RB41, Haltestelle Bahnhof-Oberneuland

Bauernhof in der Stadt

57

Die Stadtteilfarm Huchting e. V.

Viele kleine und große Kinder träumen von einem eigenen Haustier, das man lieb haben und umsorgen kann. Für Stadtkinder sind Hamster, Meerschweinchen und vielleicht noch eine Katze oder ein Hund machbar, aber von den Möglichkeiten, die Dorfkindern offenstehen, kann der Nachwuchs in Bremen oftmals nur träumen. Aus diesem Grund haben Initiativen Stadtteilfarmen gegründet, auf denen Kinder und Jugendliche den Umgang mit Ponys, Eseln, Ziegen, Alpakas, Schweinen und Schafen kennen- und lieben lernen dürfen. Und nicht nur das: Ein Tier macht Arbeit! Auch das wird neben Spaziergängen, Spaß und Streicheln vermittelt. Ställe sauber machen, Tiere pflegen und füttern, außerdem im Garten arbeiten, was Frisches kochen, basteln und vieles mehr steht auf dem vielfältigen Programm der Stadtteilfarm Huchting.

Für städtische Familien ist das Gelände ein wahr gewordener Landlebentraum. Das Beste daran: Man kann alles ausprobieren, darf sich schmutzig machen und Farm spielen und abends heimkehren in das gewohnt urbane Leben.

Die Agenda ist prall gefüllt mit offenen Angeboten rund um Kochen, Gartenarbeit und Tierpflege sowie Programmen für das Wochenende und die Ferien. Kinder und Jugendliche können in Projekten kreativ werden, an Zeltwochen und Farmübernachtungen teilnehmen und Ausflüge mitmachen. Für Mahlzeiten und größere Unternehmungen wird ein Unkostenbeitrag erhoben; die Teilnahme an den meisten Angeboten ist aber kostenfrei. Das Programm wird in Zusammenarbeit mit den Kindern und Jugendlichen gestaltet. So lernen sie, ihre Ideen mit einzubringen, aktuelle Themen zu diskutieren und in der Gemeinschaft mit anderen zu handeln. Teilnehmer, die sich besonders für eines der Farmtiere interessieren, können sich zu Tierexperten ausbilden lassen und so sogar Verantwortung für einzelne Tiere übernehmen. Wer das großartige Projekte unterstützen möchte, kann dies mit (regelmäßigen) Spenden oder einer Tierpatenschaft tun.

TIPP

Bauernhoferfahrungen sind auch für Erwachsene im Rahmen von Teambuilding-Events möglich.

● Stadtteilfarm Huchting e. V., Am Sodenmatt 15, 28259 Bremen
www.stadtteilfarm.de
● ÖPNV: Bus 57, Haltestelle Am Sodenmatt

Bank mit Weitblick

58 Lebensraum Tideröhricht am Hasenbürener Deich

Die meisten grünen Orte mit hohem Glücksfaktor lassen sich in Bremen am schönsten mit dem Fahrrad erreichen. Nicht nur, dass die Anreise an der frischen Luft mit einer leichten Böe im Gesicht am erfrischendsten ist, ohne störenden Verkehrslärm und Benzingerüche kann man die Natur immer auch am eindrücklichsten genießen. So auch die Bank am Hasenbürener Deich und Duntzen Werdergraben. Famos lässt es sich über die Bremer Neustadt, Woltmers-, Rabling- und Seehausen hierher radeln. Es ist eine beliebte Fahrradstrecke, die nach Lemwerder führt. Man sollte sich also nicht davon beirren lassen, dass man die Wege mit Spaziergängern, Hunden und anderen Radlern teilt.

Vom Deich aus geht es runter zu den Überschwemmungswiesen der Weser, die man natürlich nicht betreten darf, da es sich um ein Naturschutzgebiet handelt und den Lebensraum zahlreicher Tiere darstellt. Eine Bank mit Infotafel lädt aber ein, Platz zu nehmen, zu verweilen und den Panoramablick über das Zuhause von Vögeln und Insekten auf sich wirken zu lassen. Viele Vogelarten lassen sich aus nächster Nähe beobachten. Hier brüten zum Beispiel Blaukehlchen, Rohrammer, Schilf- und Teichrohrsänger. In den frühen Morgenstunden im April und Mai kann man den singenden Blaukehlchen, die sich auf den Spitzen der Schilfhalme niederlassen und ihr Liedchen trällern, wunderbar und friedlich zuhören. Fans von Sonnenuntergängen finden über den Wiesen und den glitzernden Flachgewässern die ideale Kulisse für Wow-Momente in den allerschönsten Farben.

Das Naturschutzgebiet ist ein sogenannter Tideröhricht, ein Biotop im Flachwasser und Uferrandbereich. Durch die täglichen Schwankungen des Wasserstandes sind die hier wachsenden Pflanzen extremen Bedingungen ausgesetzt. Nur wenige Gewächse kommen damit zurecht. Die Gezeiten verändern den Anblick des Biotops – mal flach und von Pfützen durchzogen, mal ein einziger großer Teich.

● Naturschutzgebiet neben dem Ochtumsperrwerk, Hasenbürener Deich, 28197 Bremen

Heimelig begrünt

59 Two Greens im Viertel

Viele von uns träumen von einem urbanen Dschungelparadies mit opulent grünen Zimmerpflanzen, die das Zuhause wohnlich und gemütlich machen. Mit stylischer Monstera, getupften Forellenbegonien und Kakteen, die an den letzten Urlaub erinnern. Aber genauso viele von uns träumen ebenso von dem berühmten grünen Daumen, der das Ganze erst möglich macht. Abhilfe gibt es im Two Greens im Viertel. In dem Lädchen finden Fans von Dschungelgrün nicht nur ausgesuchte und besondere Pflanzen, sondern dazu eine persönliche, individuelle und höchst fachkundige Beratung, mit der fortan nichts mehr schiefgehen kann.

Die Inhaberin Nina Fischer ist gelernte Fotografin, was man ihrem äußerst ästhetischen Instagram-Kanal sofort ansieht. Ein bisschen ist dieser aus der Not heraus geboren – Eröffnungsdatum von Two Greens war just der erste Tag des Corona-Lockdowns im März 2020 und so musste rasch ein alternativer Vertriebsweg gefunden werden. Über Social Media hat die Gründerin ihre Pflanzenschätze wirkungsvoll in Szene gesetzt und zur Abholung angeboten. Auch wer nicht auf der Suche nach neuen Zimmergewächsen ist: Bei all den grünen Schönheiten und den hübschen Bildern kann man kaum widerstehen. Das Tolle: Wer nicht so gut mit den Pflanzen umzugehen weiß, bekommt per Instagram oder Facebook immer hilfreiche Ratschläge und Tipps. Auch ganz persönlich per Direktnachricht. Einfach eine nette Nachricht nebst Bild schicken, wenn das Blümchen nicht so will, wie man sich das vorgestellt hat, und die Blumenexpertin nimmt sich dessen an.

Das Two-Greens-Sortiment wird abgerundet durch wundervolle Deko-Objekte, Übertöpfe in verschiedenen Größen und Farben, Blumenampeln, Makramees, Schreibwaren und Kunstdrucke. Alle Produkte werden mit Liebe und mit Fokus auf Nachhaltigkeit ausgesucht. Der Laden und die saftig grüne Terrasse ist für Pflanzenliebhaber und die, die es werden wollen, einfach nur perfekt. Um zu stöbern und sich inspirieren zu lassen, um Geschenke zu kaufen oder sich selbst etwas zu gönnen.

- Two Greens, Lüneburger Straße 25, 28205 Bremen, www.twogreens.de
- ÖPNV: Straßenbahn 2, 3, 10, Haltestelle St.-Jürgen-Straße

Die Nase im Wind

60 Auf der Flussinsel Harriersand

Die Anfahrt kann ein Abenteuer sein. Wie es sich für einen ruhigen und abgeschiedenen Naturort gehört, ist die Flussinsel Harriersand nicht mal eben so mit Bus und Bahn oder über eine gut ausgebaute Autobahn zu erreichen. Wer sich viel vornimmt, schwingt sich aufs Rad. Das ist von der Bremer Innenstadt allerdings eine ganz schöne Strecke, für die man etwas Zeit und Fitness einplanen sollte. Eine andere Idee wäre, zu einem näher gelegenen Bahnhof zu fahren und dann weiterzuradeln, zum Beispiel in die nördlichen Bremer Stadtteile Farge oder Blumenthal. Der Aufwand lohnt sich, versprochen!

Harriersand ist eine der längsten Flussinseln Europas, die längste Deutschlands, und liegt zwischen Bremen und Bremerhaven. Sie ist gut 11 Kilometer lang und an einigen Stellen nur knapp 500 Meter breit. Eine einzige Straße verbindet die Menschen auf der Insel. Doch nur wenige nennen dieses idyllische Plätzchen ihr Zuhause. Bis in die 60er-Jahre hinein gab es nicht mal eine Verbindung zum Festland, erst dann wurde eine Brücke gebaut.

Die Insel hat viel zu bieten für Nordsee- und Landluftfans, für kleine und große Kinder, die gern planschen, buddeln und Sandburgen bauen, für Radler und für Menschen, die das nostalgische Wohlfühlambiente von Ausflugslokalen am Strand lieben.

Gegenüber befindet sich das Städtchen Brake und der Hafen, auf die man einen weiten Panoramablick genießen kann. Große Seeschiffe auf dem Weg in die Nordsee oder nach Bremen tuckern hier gemütlich vorbei. Über die Insel führt ein Radwanderweg, vorbei an Wäldchen, Naturstränden und gemütlichen alten Bauernhöfen. Man kann hier campen, in Ferienwohnungen übernachten oder Urlaub auf dem Bauernhof machen. Für die Anreise gibt es neben Rad und Auto auch die Weserfähre MS Guntsiet, die in den Sommermonaten zwischen Brake und Harriersand pendelt. An schönen Tagen ist die Insel ein beliebtes Ausflugsziel. Wer das raue Nordseeflair für sich haben möchte, sollte sich einmal im Herbst oder Winter nach Harriersand aufmachen.

- Harriersand, 28790 Schwanewede/Harriersand
- ÖPNV: Fähre MS Guntsiet, Haltestelle Fähranleger Brake

Naturgemäße Lebensweise

61 Auftanken im Licht-Luft-Bad Bremen

Es ist, als betrete man eine andere, verträumtere Welt: Das LichtLuftBad Bremen ist ein kleines grünes Refugium in unmittelbarer Nähe des Café Sand auf dem Stadtwerder. Die über 120 Jahre alte Parkfläche ist ein mit hohen Bäumen und dichter Hecke abgeschirmtes Idyll, das historischen Zauber verströmt. Der Verein Prießnitz e. V. (gegründet 1885) hat die Anlage im Jahr 1901 gestaltet, um für die Bremer einen Ort zu schaffen, an dem Körper und Seele gesund werden und gesund bleiben können. Alles mithilfe von Licht, Luft und Wasser sowie Sonne, Ruhe und Bewegung.

Treibender Gedanke hinter dem Verein sind die Erkenntnisse von Vincenz Prießnitz, der als Naturheiler und Wasserdoktor in die Geschichte einging. Mit Wasserkuren, zum Beispiel kalten Wickeln, soll er Anfang des 19. Jahrhunderts viele Krankheiten erfolgreich behandelt haben.

Das Gelände ist rund 20.000 Quadratmeter groß. Den verwunschenen Charme erhält es vor allem durch den alten Baumbestand, üppige Hecken und zugewachsene kleine Nischen. Das LiLuBa, wie es liebevoll genannt wird, wurde als Stätte der Naturheilbewegung errichtet und ist mittlerweile neben Sport- und Entspannungsraum auch Location für kulturelle Events. Finanziert werden die Instandhaltung und der Betrieb durch Mitgliedsbeiträge sowie Einnahmen aus den Veranstaltungen. Märchenhafte Theateraufführungen, umweltpädagogische Aktionstage des Vereins Potztausendschön und vieles mehr steht auf der Agenda des LiLuBa. Mitglieder können hier tagsüber Tennis, Tischtennis und Fußball spielen, die Kinderspielgeräte nutzen und sich einfach mitten im Grün entspannen und relaxen – sozusagen auf Rezept von Naturkundler Prießnitz. Im Jahr 1905 wurde hier übrigens eine der ersten FKK-Flächen Deutschlands errichtet. Noch heute sind die vor Blicken geschützten Liegebereiche Bestandteil des Freiluftbades.

- LichtLuftBad, Strandweg 105, 28201 Bremen, www.liluba.de
- ÖPNV: Straßenbahn 4, 6, 8, Bus 24, Haltestelle Wilhelm-Kaisen-Brücke; Sielwallfähre vom Osterdeich

Licht-Luft-Bad
Strandweg 105

Für mehr Blumen

62 Die Saatgutautomaten von Naturschutz2go

Summ, summ, summ – ich liebe Blum. Eine bunte Blumenwiese sieht nicht nur herrlich aus, sie stellt außerdem einen wichtigen Lebensraum für Bienen und andere Insekten dar. Viele Felder sind heutzutage mit Monokulturen bepflanzt und oftmals haben Gärten prächtige Stauden und Beete. Leider finden Bienen hier keine Nahrung, weil es sich um züchterisch veränderte Blüten handelt, die zwar hübsch aussehen, aber der Weg zu den innenliegenden Pollen nicht frei ist. Das führt dazu, dass wichtige Lebensräume für Insekten fehlen.

Ein Bremer Teenager möchte das ändern. Zentimeter um Zentimeter möchte er begrünen und begrünen lassen. Und dafür hat er sich etwas ziemlich Cleveres einfallen lassen: Saatgutautomaten. Verteilt in der ganzen Stadt. Mittlerweile nicht nur in Bremen, sondern auch in Berlin, auf Wangerooge und im Ahrtal. Mit einer Münze zieht man sich dann keine Kaugummis, Kondome oder Glitzerringe, sondern Blumenzwiebeln und Saatgut. Einfach nur grandios!

Jede noch so kleine Fläche, die mit Blumen bepflanzt ist, zählt für Jonte. Er hofft, dass die Automaten und sein Engagement andere Menschen inspirieren, motivieren und sensibilisieren können. Für die Idee hat er schon zahlreiche Preise gewonnen: den Landessieg des Deutschen Nachbarschaftspreises, den Beebetter Award, den Hauptpreis im BundesUmweltWettbewerb und zuletzt den Deutschen Kinder- und Jugendpreis.

TIPP
Dank einer Bauanleitung auf YouTube kann jeder eigene Saatgutautomaten basteln und zur Blumenvielfalt beitragen.

Die Automaten sind ganzjährig bestückt – im Herbst mit Blumenzwiebeln, im Winter mit Saatgutkonfetti und im Frühjahr und Sommer mit herkömmlichem Saatgut. Es gibt Mischungen für ein- oder mehrjährige Bienenweiden, alles sofort zum Einpflanzen für den Garten oder Balkon gedacht. Die leeren Kapseln können an den Automaten zurückgegeben werden. Nachdem die Unkosten gedeckt sind, wird der Rest der Erlöse an Umwelteinrichtungen oder soziale Projekte gespendet.

- Naturschutz2go, zum Beispiel Vogelweide 12, 28215 Bremen
www.naturschutz2go.de
- ÖPNV: Bus 25, 27, 28, Haltestelle Utbremer Ring

Wir tun was für Bienen

Erntedank am Wall

63 Das Projekt Essbare Stadt in Bremen

Natürlich ist den meisten von uns klar, wie eine Zucchini aussieht und auch, wie sie angepflanzt wird. Aber wie sieht eine Küchenzwiebel aus, wenn sie noch in der Erde steckt? Oder Hopfen? Viele essbare Nutzpflanzen kennen wir nur verarbeitet oder bereits geerntet.
In Bremen gibt es verschiedene Urban-Gardening-und-Farming-Projekte, die Menschen zusammenbringen, städtische Flächen verschönern und nicht zuletzt frisches Obst, Gemüse und Kräuter hervorbringen: in Hochbeeten in der Innenstadt, in der Neustadt im öffentlichen Gemeinschaftsgarten „Ab geht die Lucie“ und in den Wallanlagen an der Wallmühle.
Die Mühle am Wall ist ein beliebtes Fotomotiv für Einheimische sowie Besucher von Bremen. Zu schön sind die mit Liebe gepflanzten Veilchen, Ringelblumen und Tulpen, die insbesondere von der Brücke am Herdentor ein farbenprächtiges Bild abgeben. Wer genauer hinsieht, erkennt, dass auch Mangold und Zucchini die Blühpflanzen rund um die Wallmühle bevölkern. Sie gehören zum Projekt Essbare Stadt, einer Idee aus Todmorden in England, die seit einigen Jahren ihre Kreise in Deutschland zieht und auch in Bremen angekommen ist. Bremische „Stadtpflanzen“ sollen so mehr darüber erfahren können, wie Gemüse aussieht, ehe es in den Supermärkten landet. Darüber hinaus fördert der Anbau die Biodiversität und sorgt mit den bepflanzten Flächen für Nahrungsangebote für Bienen und andere Insekten. Die Essbare Stadt besteht aus vielen Ideen, wie sich Bürger ökologisch nachhaltig ernähren und mehr zum Anbau von Nutzpflanzen erfahren können. Die Anlage von Beeten in öffentlichen Grünanlagen ist ein Teil davon. Selber ernten ist an der Wallmühle nicht so gern gesehen. Zu groß ist die Gefahr, dass die Blühpflanzen dabei in Mitleidenschaft gezogen werden. In den Bremer Medien wird aber bekannt gegeben, wenn die Ernte reif ist und man sich einen Teil der Wallmühlenzucchini abholen kann, um sie als Ofengemüse, in einer bunten Pfanne oder überbacken zu genießen.

- Mühle am Wall, Am Wall 212, 28195 Bremen
- ÖPNV: Straßenbahn 4, 6, 8, Bus 24, 25, Haltestelle Herdentor

Surfin', Surfin'

64 Windsurfen auf dem Stadtwaldsee

Surfen – das ist Freiheit, eine Brise in den sonnengebleichten Haaren und nicht zuletzt verbinden viele damit Ralf Bauer und Hardy Krüger junior aus der Fernsehserie „Gegen den Wind". Das Leben muss wundervoll sein, wenn man am Meer lebt und die Bretter, die die Welt bedeuten, jederzeit griffbereit sind. Bremen kann keinen kilometerlangen Sandstrand und endlose Horizontweite bieten, aber Urlaubsfeeling und Freiheit kommen dennoch auf, wenn man auf dem Stadtwaldsee surft.

Hier befindet sich die älteste Surfschule Bremens. Charchulla blickt auf eine lange Tradition und sogar Ruhm zurück: Gegründet wurde die Surfschule 1973 von Jürgen Charchulla, bekannt als einer der beiden Surftwins. Gemeinsam mit seinem Bruder Manfred überquerte er 1975 als erster Windsurfer den Ärmelkanal mit einem Tandem-Board. Die Schule und den Surfshop in Bremen hat Jürgen Charchulla aber längst übergeben und wohnt schon seit vielen Jahren auf Fehmarn.

TIPP

Den Grundkurs gemeinsam mit Familie oder Freunden machen – ab vier Personen gibt es einen Rabatt!

Der Unterricht auf dem Stadtwaldsee kann, je nach Wetterbedingung, besonders aufregend und anstrengend oder aber ganz entspannt und chillig verlaufen. Windstille ist nicht unbedingt optimal, um Windsurfen zu lernen, aber um das Segel aufzuholen und die Drehmanöver Wende und Halse zu üben, ist es gar nicht mal so verkehrt, wenn kein zorniger Wind am Segel zerrt. Wackelig wird es auf dem Board ohnehin. So, wie war das nochmal? Die Füße hier, vorderer Arm dort, Segel aufholen. Wer alles richtig gemacht hat, gleitet schon bald sanft über das Wasser. Ein tolles Erfolgserlebnis nach so kurzer Zeit! Die nächste Böe kann schnell wieder alles zunichtemachen, aber ins Wasser fallen gehört eben dazu.

Neoprenanzug, Surfbrett und Rigg (Mast und Segel) werden von der Surfschule gestellt, mitzubringen sind Surfschuhe oder Schuhe, die nass werden dürfen. Es gibt Schnupper-, Grund- und Auffrischungskurse sowie die Möglichkeit, den Grundschein zu machen. Und dann steht dem „Gegen den Wind"-Gefühl nichts mehr im Wege.

- Surfschule Charchulla, Ostertorsteinweg 38, 28203 Bremen
  www.surfshop-charchulla.de
- ÖPNV: Straßenbahn 2, 3, Haltestelle Theater am Goetheplatz

Regional und fair

65 Plastikfrei Einkaufen im SelFair

Manches Mal kommt man aus dem Supermarkt nach Hause zurück, freut sich auf die vielen tollen Produkte, die man erstanden hat, und darauf, welches leckere Abendessen man daraus kochen wird. Doch dann stellt man fest, wie endlos viel Plastik man „mit" eingekauft hat. Die Nudeln in Kunststoff, die Tomaten auch, eine knisternde Manschette um den Basilikum, der Rotwein ist zwar nicht eingepackt, aber er stammt aus Chile – das müsste doch besser gehen! So oder so ähnlich dachte sich das auch Selcuk Demirkapi, als er im Jahr 2016 den ersten Unverpacktladen in Bremen eröffnete. Sein Konzept war damals noch längst nicht bundesweit bekannt, wie es heute ist.
„Was für eine Auswahl!", staunt man unweigerlich beim Betreten des Ladens. In der Frischetheke verströmen Peperoni, Falafel und Blätterteigröllchen einen köstlichen „Nimm-mich-mit-Duft" und die Zapfbehälter mit Mehl, Hülsenfrüchten und weiteren trockenen Produkten wie Gemüsebrühe, Kaffee und mehr warten nur darauf, ausprobiert zu werden. Bei SelFair sind zahlreiche Lebensmittel erhältlich, die in mitgebrachten oder vor Ort gekauften Gläsern, Boxen oder Flaschen abgefüllt werden können. Weitere Schwerpunkte des Sortiments liegen auf vegetarischen und veganen Produkten sowie kurzen Transportwegen, die uns einen möglichst klimafreundlichen Konsum ermöglichen. Da wären zum Beispiel Obst und Gemüse vom Bauernhof aus der Region oder eine Auswahl deutscher Weine. Doch nicht nur Essbares ist erhältlich, sondern auch plastikfreie Kosmetik, Hygieneartikel und Reinigungsmittel. Hier gibt es sie in fester Form, flüssig zum Abfüllen oder als Pulver. Der Einkauf im SelFair ist ein anderer als im klassischen Supermarkt. Man kauft bewusster (es ist ja auch etwas kostspieliger), wählt aus, schnuppert hier und da, entdeckt Unbekanntes. Und fühlt sich glückselig in die Zeit von Tante-Emma-Läden zurückversetzt.

- SelFair, Vor dem Steintor 187, 28203 Bremen, www.selfair.de
- ÖPNV: Straßenbahn 2, 3, 10, Haltestelle St.-Jürgen-Straße

NUSS
MILCH
BEUTEL

Über Wall und Weser

66 Am Aussichtspunkt Altmannshöhe

Der Platz verblüfft ein bisschen, wenn man ihn noch nicht kennt. In den Wallanlagen zwischen Tiefer und Ostertorsteinweg geht ein schmaler Weg ein paar Höhenmeter hinauf. Von unten erkennt man eine steinerne Mauer. Da oben muss was Schönes sein, denkt man und läuft hinauf. Den luftigen Platz mit zur Weser hin ausgerichteten Bänken und vor allen Dingen das dahinter liegende kreisrund eingeschlossene Ehrenmal erwartet man nicht. Es ist schön hier oben. Friedlich. Auch wenn man die Autos vom Tiefer, der unten zum Osterdeich wird, vorbeifahren und manchmal hupen hört. Einige Bänke sind besetzt von Menschen, die lesen oder sich Snacks teilen. Vielleicht sind es Touristen, vielleicht aber auch nicht. Ein bisschen wird man hier selbst zum Besucher der eigenen Stadt, wenn man das Fleckchen neu entdeckt hat.

Man hat einen wunderbaren Ausblick hinunter zur Weser, zum Osterdeich und auf die andere Flussseite zum alten Wasserturm, der von den Einheimischen liebevoll Umgedrehte Kommode genannt wird. Im Rücken liegen die Wallanlagen, die mit ihren mächtigen Bäumen und dem weitläufigen Grün sowieso immer eine Kulisse der Ruhe bilden. Herrlich, hier ein Päuschen zu machen und die Vorbeikommenden verstohlen zu beobachten.

Die Anhöhe trägt den Namen Altmannshöhe und wurde nach dem Landschaftsgärtner Isaak Altmann benannt. Altmann war maßgeblich für die Umgestaltung der heutigen Wallanlagen verantwortlich. Hinter dem Plätzchen mit den Bänken und dem Ausblick befindet sich eine runde Steinmauer aus rotem Klinker, die halb bewachsen ist und ein wenig nach Ruine aussieht. Es ist ein Denkmal für die Opfer des Ersten Weltkriegs. 10.000 Namenssteine sind in die Ringmauer eingelassen. Das Panorama und die Ruhe begeistern auf jeden Fall. Wer ein stadtnahes Plätzchen sucht, um zu verschnaufen, zu lesen oder einfach nur zu beobachten, sollte mal das kleine Hügelchen hinter der Kunsthalle hinauflaufen.

- Aussichtspunktpunkt Altmannshöhe, Wallanlagen am Tiefer, 28195 Bremen
- ÖPNV: Straßenbahn 2, 3, Haltestelle Theater am Goetheplatz

Watt ist das schön!

67 Schlickspaziergang bei Bremerhaven

Für norddeutsche Küstenkinder und solche, die die Nordsee im Herzen tragen, gibt es kaum etwas Schöneres, als durchs Watt zu laufen. Egal zu welcher Jahreszeit, sommers wie winters werden die Schuhe entweder ausgezogen und die Hose hochgekrempelt oder die Füße in Gummistiefel gesteckt und los gehts. Stundenlang bei Ebbe an der Küste entlang, der Horizont verspricht Weite pur und die Gedanken ziehen wie die Wolken am Himmel. Barfuß quillt das Watt zwischen den Zehen hindurch, die Priele und Pfützen waschen alles wieder sauber, ehe man beim nächsten Schritt wieder versinkt. Ist der Blick zu Boden gerichtet, entdeckt man Wattwürmer und ihre Häufchen, Muscheln und Krebse. Was dem menschlichen Auge verborgen bleibt, erfährt man am besten bei einer geführten Wattwanderung.

TIPP

Frei zugänglich ist das Weddewarder Watt, das von Bremerhaven aus erreicht werden kann.

Das Wattenmeer der Nordsee ist das größte Wattenmeer der Welt. Es ist eine rund 500 Kilometer lange und bis zu 40 Kilometer breite Landschaft zwischen Dänemark, den Niederlanden und Deutschland. Zweimal täglich wird es mit Hochwasser geflutet und bei Niedrigwasser entsteht die matschige Fläche, die wir so lieben. Bremisches Wattenmeer gibt es so nicht, aber da die beiden Städte des Landes Bremen von Niedersachsen umschlossen sind, ist es ja nicht weit zum niedersächsischen Wattenmeer.

Von Nordenham gegenüber von Bremerhaven auf der anderen Weserseite lässt sich eine ganz besondere Tour unternehmen – eine geführte Wanderung zum Inselchen Langlütjen. Die ehemalige Festungsinsel wurde Ende des 19. Jahrhunderts künstlich angelegt, um die Bremischen Häfen zu schützen. Heute befindet sie sich im Privatbesitz, daher darf nicht einfach jeder hinüberwandern und sie betreten, sondern muss eine öffentliche Führung über die Tourist-Information Butjadingen buchen. Für die Wanderung über das kleine Eiland werden feste Schuhe benötigt. Und Entdeckerlust! Nahezu kolumbusmäßig fühlt man sich nach dem Spaziergang über den Meeresboden und beim Betreten der wilden Insel.

● Treffpunkt für die geführte Tour zur Insel Langlütjen ist am Landhaus Tettens, Am Dorfbrunnen 17, 26954 Nordenham

Wasserwelten

68 Der Jachthafen am Wieltsee

Der Wieltsee bei Weyhe ist ungefähr 13 Kilometer von Bremen entfernt. Er lässt sich ganz wunderbar mit dem Fahrrad erreichen: Dafür einfach entlang des Werdersees radeln und am Ende der Nase nach weiterfahren. Es folgen die renaturierte Uferaue in Habenhausen mit kleinem Badestrand, dschungelartig begrünte Uferbereiche der Weser und ihrer Nebenarme und schließlich das Örtchen Dreye. Bis zum Jachthafen Marina Wieltsee ist es nun nicht mehr weit, die Hinweisschilder des Grünen Ring Bremen weisen den Weg.
Der Wieltsee ist mit einem Durchstich mit der Weser verbunden. Anders wäre die große Anzahl an Booten nicht zu erklären, die an den Stegen und Liegeplätzen im Wasser schaukeln. Wer zum ersten Mal hier ist, staunt. Beinahe wähnt man sich an einer großen Marina am Meer, auch wenn man natürlich rechts und links das Ufer des Baggersees sieht. Die Sonne glitzert auf dem Wasser. Fröhliche Menschen bringen ihren Getränkevorrat aufs Boot, um sich einen schönen Tag zu machen. Oder sie holen sich am seeeigenen Restaurant Smokey Island Backfisch, Pommes oder ähnliche Leckereien. Wer hier sitzt und den Gesprächen lauscht, kommt nicht umhin, die Welt am Wieltsee mit einem Kleingartenverein auf dem Wasser zu vergleichen. Man kennt sich, plaudert, tauscht sich über das neue Boot aus, das sich ein gemeinsamer Bekannter gegönnt hat und mit dem er gerade wieder in Sichtweite des schwimmenden Restaurants in den Hafen tuckert.
Der Naturhafen ist ungefähr 20 Hektar groß und bietet über 230 Liegeplätze, die ganzjährig genutzt werden können. Es ist urig, in dieses Universum einzutauchen und zu beobachten. Zum Beispiel, wie Leute direkt am Restaurant anlegen und ihren Aperol ins Boot gereicht bekommen. Schön ist das hier. Glatt denkt man über einen Bootsführerschein nach.
Wer nicht über ein eigenes Wassergefährt verfügt, kann sich hier natürlich eins mieten. Für entspannte Stunden auf dem See und große oder kleine Touren auf der Weser. Sogar zum Übernachten auf einem der eleganten Hausboote!

● Marina Wieltsee, Wieltdamm, 28844 Weyhe, www.marina-wieltsee.com

Naturerlebnisort

69 Der Verein Arbeit & Ökologie in Huchting

Ist es nicht verblüffend, was manche Menschen aus ihren kleinen Reihenhausgärten oder Balkonen zu zaubern vermögen? Blumenmeere, Hochbeete mit Salaten, Zucchini und mehr, Steinschnecken und Spiralen voller Gewürze und Kräutern, die jede noch so schnöde Speise in ein wohlschmeckendes Gericht verwandeln. Anderen wiederum fällt all das schwerer, obgleich sie auch gern im Besitz einer solch prächtigen Pflanzenoase wären. Aber wie starten? Hilfe naht bei Arbeit & Ökologie in Huchting.

Das Lehr- und Erfahrungsgelände besteht aus über 80 Gartenbereichen, Biotopen, Spiel- und Erlebniselementen. Auf dem gesamten Außengelände des Bürger- und Sozialzentrums Huchting können Kinder, Jugendliche und Erwachsene die Natur erleben und besser kennenlernen. Das Tolle: In den Gemüse-, Kräuter-, Obst- und Blumengärten, zwischen Stauden und Hochbeeten kann man sich nicht nur entspannen, sondern auch für das eigene grüne Zuhause inspirieren und beraten lassen. Das Fachpersonal ist während der Öffnungszeiten immer zugegen, pflegt und erweitert das Gelände und ist außerdem gern bereit, hilfreiche Ratschläge zu geben. Grundsätzlich darf das Gelände auf eigene Faust erkundet werden. Es gibt Streuobstwiesen, Verkaufsbeete, Kräuterspiralen, heimische Wildpflanzen und vieles mehr. Auf dem Barfußpfad, in Fühl- und Duftbeeten können die Besucher erfahren, wie man die Natur mit allen Sinnen erlebt. Der Irrgarten, die Regenwurmkisten, das Miniklettergebirge, das Weidentrampolin und der Balancierpfad sind zwar in erster Linie für die Kleinsten gedacht, machen aber auch den Größeren jede Menge Spaß.

Wer etwas dazulernen möchte, kann sich im Veranstaltungsprogramm umsehen und Vorträge oder Seminare buchen. So kann man lernen, welche Kräuter in der Heilmedizin eine Rolle spielen, welche Blüten essbar sind und wie man den eigenen Garten naturnah anlegt. Und mit ein bisschen Glück und Geduld blickt man schon bald voller Stolz auf die eigene Blumenpracht.

- Arbeit & Ökologie, Betrieb der ÖkoNet gGmbH, Amersfoorter Straße 8, 28259 Bremen, www.arbeit-oekologie.de
- ÖPNV: Bus 57, 58, Haltestelle Delfter Straße

KRÄUTERGA

Keinberg

70 Zu Besuch bei Bremens höchster Erhebung

Bremen und das Umland sind ja bekanntlich eher platt. Eine klassisch norddeutsche Weite prägt die Umgebung und kein Berg stört die Sicht. Die höchsten Hügel und die größten Höhenunterschiede sind im Bremer Norden, in der Bremer Schweiz zu finden, sieht man von künstlichen Errichtungen wie dem Bremer Dom oder der Blocklanddeponie ab. Die höchste natürliche Erhebung liegt schwindelige 32,5 Meter über Normalhöhennull, befindet sich im Friedehorst-Park, auch Lehnhof-Park genannt, und hat skandalöserweise keinen richtigen Namen. Zwei findige Bergfans auf der Mission, in allen 16 Bundesländern die höchsten Gipfel zu besteigen, haben ihm den passenden Namen Keinberg verpasst.

Keinberg liegt nahe der nördlichen Grenze zwischen Bremen und Niedersachsen. Er ist nicht sehr gut auszumachen, da es keine Wegweiser zum Nordbremer Massiv gibt. Entweder begibt man sich selbst auf Entdeckungstour und findet den Bremer Gipfel auf eigene Faust oder man schaltet das GPS an. Neben einem Teich und zwischen vielen Bäumen ist der Anstieg zu Ende. Ein Gipfelchenkreuz zeigt das Ziel an. Die Herausforderung bei dieser Wanderung liegt weniger in den bezwungenen Höhenmetern, sondern vielmehr darin, den Berg zu finden. Die gute Nachricht ist: Auch für wenig erfahrene Alpinisten ist die Bremer Tour gut zu schaffen.

Der Bergspaziergang im Friedehorst-Park ist schön und unterhaltsam. Man nimmt sich selbst nicht zu ernst und bezwingt mit Stolz und Augenzwinkern den höchsten Punkt der Hansestadt. Geführte Touren werden von den sogenannten Bremen Greeter angeboten. Es handelt sich um Ehrenamtliche, die auf Anfrage kostenfreie Touren in Bremen durchführen. Dabei erfährt man viel Wissenswertes über die Parkanlage, die um 1875 vermutlich von Wilhelm Benque, dem Gestalter des Bremer Bürgerparks und des Knoops Parks, angelegt wurde. Besonders schön anzusehen ist auch die westlich angrenzende Lehnhofsiedlung mit reetgedeckten Häuschen, die seit 1973 unter Denkmalschutz stehen.

- Friedehorst-Park, Holthorster Weg, 28717 Bremen
- ÖPNV: Bus 90, 91, 92, Haltestelle Am Bahnhof St. Magnus; NordWestBahn RS1, Haltestelle St. Magnus

Natürliches Badevergnügen

71 Relaxen im Sommerbad Grambker See

„Lass uns zum See fahren." Das ist doch der schönste Satz, den man im Sommer sagen kann. Nun, vielleicht gleichauf mit: „Wie wäre es mit einem Eis?" Der Mensch ist ein Gewohnheitstier und meistens fährt man zum gleichen See (und ist auch wenig experimentierfreudig, was das Eis angeht). Dabei sollte man unbedingt öfter über den eigenen Stadtteilrand hinausblicken, zum Beispiel in den Bremer Norden, und andere Seen entdecken. Ein besonders empfehlenswertes Kleinod ist das Sommerbad Grambker See.

Der Grambker See in Burglesum ist einer der kleinsten Seen in Bremen, einer der wenigen natürlich entstandenen und vielen vermutlich unbekannt. Dabei hat das dort ansässige Traditionsbad eine fast 100-jährige Geschichte, auf die es zurückblicken kann. Als es abgerissen und das Gelände neu bebaut werden sollte, gründete sich sogar eine Bürgerinitiative, um das Naturfreibad zu erhalten und weiterhin zu betreiben. Alle Engagierten sind ehrenamtlich dabei. Träger des Bades ist der 1. FC Burg von 1957 e. V.

Es ist ein beschaulicher und nostalgieverhangener Ort, um relaxte Sommertage zu verbringen. Vor allem, weil es sehr viel weniger überlaufen ist als die richtigen Freibäder oder größeren Badeseen. Für die Kleinsten gibt es ein separates Babybecken mit Spielsachen, für die Größeren einen Nichtschwimmerbereich. Alle, die ein paar Bahnen ziehen möchten, finden einen Schwimmerbereich vor. Ein künstlich angelegter, sehr feiner Sandstrand, ein Kiosk mit Eis, Pommes und Getränken sowie der naturbelassene parkähnliche Uferbereich mit Schatten spendenden Laubbäumen machen die Stunden im Sommerbad perfekt. Mit einem kleinen Eintrittspreis sorgt man dafür, dass die Anlage so sauber bleibt, wie sie ist, eine Schwimmaufsicht vor Ort ist und das Wasser über einen biologischen Pflanzenfilter gereinigt werden kann.

TIPP

Unbedingt die regelmäßig stattfindenden Yoga- und Fitness-SUP-Kurse von Glück Dich Fit ausprobieren!

● Sommerbad Grambker See, Grambker Dorfstraße 52, 28719 Bremen
www.sommerbad-grambker-see.de
● ÖPNV: Bus 81, 90, 93, 95, Haltestelle Mittelsbürener Landstraße

Romantischer Winkel

72 Der Aussichtsturm im Stadtwald

Der Bürgerpark in Bremen ist so groß und so vielfältig, dass es auch für Alteingesessene immer mal wieder etwas Neues zu entdecken gibt. Auch wenn dieses „Neue" manchmal schon über 100 Jahre alt ist. Der Aussichtspavillon am Kleinen Stadtwaldsee am nördlichen Ende der herrschaftlichen Parkanlage ist so ein Fleckchen.

Der Pavillon befindet sich auf einem malerischen Hügel, der hier in der norddeutschen Flachlandschaft vermutlich nicht natürlich entstanden ist, sondern auf dem Aushub des angrenzenden Stadtwaldsees. Er fällt schon von Weitem durch seine verspielte Turmbauweise und die majestätischen Säulen auf. Wer zum ersten Mal hier ist, denkt sich wahrscheinlich: „Wie wunderschön verwunschen! Wieso war ich noch nie hier?" Für andere Besucher gehört er aber zu den absoluten Bürgerpark-Highlights. Durch die Randlage ist er nicht sonderlich stark frequentiert und stellt ein wunderbar ruhiges Spazierziel mit Blick auf den See dar. Ein echtes Panorama, wie es bei der Planung 1909 und Einweihung 1913 gedacht war, kann der Aussichtspavillon aber heute nicht mehr bieten. Die inzwischen gewachsenen Bäume sind zu hoch geworden, was aber dafür sehr schön und wildgrün anzusehen ist. Entworfen wurde das steinerne Aussichtshäuschen übrigens von dem gleichen Architekten, der auch das Neue Rathaus in der Innenstadt gestaltet hat.

Ein geschwungener Pfad führt zum Turm hinauf. Die Treppenstufen und Säulen verleihen ihm ein historisches Äußeres, vielleicht sogar ein bisschen römisch. Begehbar ist das Bauwerk derzeit leider nicht mehr. Die schwere Holztür bleibt versperrt, nur die rundherum führende Terrasse des runden Türmchens darf betreten werden.

Im Winter, wenn ausreichend Schnee gefallen ist, wird der Pavillon zum Ziel begeisterter Rodler. Denn in Ermangelung großer Abfahrten wird in der Hansestadt jeder noch so kleine Hügel für eine Schlittenfahrt genutzt. Und so garantiert auch die Pavillonerhebung jede Menge Rodelspaß.

- Aussichtsturm im Stadtwald, Wetterungsweg 1, 28359 Bremen
- ÖPNV: Bus 22, Haltestelle Munte

Dorfidylle am Stadtrand

73 Unterwegs im Bremer Blockland

Das Blockland im Bremer Norden ist für die Stadtbewohner so etwas wie der ländliche Sehnsuchtsort. Was muss das schön sein, hier oben in einem der muckeligen Reetdachhäuser zu wohnen, morgens in den Garten hinaustreten zu können, um die frischeste Luft und den weitesten Feldblick genießen zu können, und nochmal eben bei Familie Huhn vorbeizuschauen, ob es ein paar Eier für das Frühstück gibt. So oder so ähnlich malt man sich das vielleicht aus, wenn man sich am Wochenende aufs Fahrrad schwingt, um eine Blocklandrunde zu drehen.

Auch wenn die Realität vermutlich anders aussähe, ist es einfach wunderschön, an den Höfen vorbeizuradeln, hier und da anzuhalten, um ein Glas selbstgemachte Hofmarmelade zu kaufen oder in einem der Cafés einzukehren. Ein geteerter Weg mäandert durch die grüne Landschaft, rechts und links sind Wiesen und Weiden zu sehen, Picknicktischgruppen am Wegesrand warten auf die Rastsuchenden. An schönen Tagen ist hier zwar eine Menge los, aber die Aussicht auf Grün sowie Bauernhoftiere und die bäuerliche Idylle kann man ja trotzdem genießen. Gemütlich rustikale Gaststätten und ein Angebot an Ferienwohnungen laden dazu ein, länger zu bleiben und hier Urlaub zu machen.

Das Blockland gehört zum Stadtbezirk West, könnte jedoch kaum gegensätzlicher zu den von Hafen und dichter Bebauung geprägten westlichen Stadtteilen Walle, Findorff und Gröpelingen sein. Es ist das größte zusammenhängende landwirtschaftliche Gebiet Bremens und eigentlich ein eigenes Dorf am Rande der Stadt, auch wenn es offiziell zu Bremen gehört. Nur rund 400, sicher sehr glückliche Bewohner nennen das Blockland ihr Zuhause.

Mit dem Fahrrad sind es aus der Stadt nur 30 Minuten bis ins Blockland, also eigentlich nicht der Rede wert und als Kurztrip oder gar Urlaub geht der Ausflug eigentlich nicht durch. Aber wie wäre es, einfach mal verrückt zu sein und sich für ein Wochenende im Blockland einzuquartieren, um morgens frische Luft und Weitblick zu genießen?

● Blockland, 28307 Bremen, www.blockland.de

Andere Wege

74 Flusswandern auf der Wümme

Wasser hat so etwas an sich. Die meisten Menschen gucken einfach gerne auf Seen, das Meer oder von Brücken auf Flüsse. Gewässer strahlen etwas Friedliches aus. Bei einer Kanutour, bei der man dem Fluss ganz nah ist, wird dieser Effekt noch verstärkt. Gemächlich und ohne Eile gleitet man dahin und fühlt sich mit der Natur ganz eins. Rechts und links das Ufer, das je nach Jahreszeit anders aussehen kann, aber doch immer beruhigend nah ist. So sind Kanutouren auch für Menschen, die dem tiefen Blau unter sich nicht so sehr trauen, hervorragend geeignet.

Im Bremer Umland lassen sich solche Ausflüge ideal auf Wümme und Hamme realisieren, zum Beispiel mit Startpunkt in Worpswede oder Lilienthal und Ende in Bremen beim Torfhafen. Die Ausfahrt dauert rund 5 Stunden, wenn man es gemütlich angehen lässt. Es ist so herrlich grün und voller Natur, die Böschung ist zum Greifen nah (manchmal etwas zu nah) und durch die historische Bedeutung der Torfkähne ist die Tour sehr bremisch. Denn früher, als im Teufelsmoor Torf abgebaut wurde, der in Bremen verkauft werden sollte, waren diese Strecken Alltag für die Torfbauern.

Eine Gewässerkarte hilft bei der Orientierung. Es ist irgendwie verrückt, in dem Kanu zu sitzen und sich über Wasserstraßen zu navigieren. Paddel-Greenhorns plumpsen auf der Strecke sicher mal ins Wasser. Besonders, wenn das Ufer auf einmal zu nahe erscheint oder man mit einem anderen Boot zusammenzustoßen droht, kann eine hektische Bewegung das Kanu zum Kentern bringen. Voraussetzungen gibt es keine, nur Schwimmen sollte man demnach natürlich können. Wer zum ersten Mal in einem Kanu sitzt, wird feststellen, dass es schwerer ist, als es aussieht. Mal ist man zu schnell mit dem Paddel, mal zu langsam. Insbesondere wenn man zu zweit oder mit mehreren unterwegs ist, knallt man mal mit dem Paddel aneinander oder hat Schwierigkeiten, die Bahn zu halten. Achtung: Das kann zu unkontrollierten Lachanfällen führen!

- Kanuscheune Lilienthal, Mehlandsdeichweg 1, 28357 Bremen
  www.kanuscheune.de
- ÖPNV: Straßenbahn 4, Haltestelle Lilienthal Truperdeich

Bummel mit gutem Gewissen

75 Georgs Fairkauf Findorff

Menschen, die Wert auf Nachhaltigkeit legen, verkneifen sich meist unnötigen Konsum. Zum Beispiel aus ökologischen oder ethischen Gründen. Weil es ja aber trotzdem Spaß machen kann, sich mal etwas zu gönnen, oder weil ein Geschenk für die Lieben benötigt wird, hat Georg seinen Fairkauf in Findorff gegründet. Sein Ziel ist es, den Menschen in den produzierenden Ländern ein fairer Handelspartner zu sein und ihnen langfristig zu besseren Lebensbedingungen zu verhelfen.

Sein ausgesuchtes Sortiment besteht zum einen aus Dingen des täglichen Bedarfs wie Kaffee, Weine, Gewürze, Öle, Aufstriche und weitere haltbare Lebensmittel, die allesamt fair und erlesen sind und somit nicht nur für den eigenen Gebrauch, sondern ohne Weiteres auch als Präsent dienen können. Darüber hinaus gibt es eine Reihe wunderbaren kunsthandwerklichen Tüdelkram wie hochwertigen Schmuck, Körbe und Taschen, Accessoires und vieles mehr, das einfach nur schön ist, aber vielleicht nicht zwingend benötigt wird. Ergänzt wird das Angebot mit langlebiger, fair produzierter Mode von bekannten und beliebten Marken wie Armedangels und Living Crafts, die gezeigt haben, dass Fair Fashion längst nicht mehr öde-öko sein muss.

Georg verkauft in seinem Ladengeschäft in der Hemmstraße in Findorff nur Waren, die er guten Gewissens anbieten kann. Es werden ausschließlich Produkte verkauft, die umweltfreundlich produziert und fair gehandelt sind, überwiegend von Kleinproduzenten aus der ganzen Welt. Dass sich Georg regelmäßig bemüht, Herkunft und Produktionsbedingungen zu überprüfen, ist für ihn selbstverständlich. Für Fragen rund ums Sortiment und Ratschläge für nachhaltigen Konsum steht er gern zur Verfügung. Wer mag, wird auf eine Tasse fair gehandelten Utamsi-Kaffee eingeladen, der aus Kamerun und Uganda stammt und in Lilienthal geröstet wird. Einfach köstlich!

TIPP

Weitere Hinweise zu nachhaltigem Konsum in Bremen gibts auf www.grau-sucht-gruen.de und www.komiko-bremen.de.

● Georgs Fairkauf Findorff, Hemmstraße 161, 28215 Bremen
www.georgs-fairkauf.de
● ÖPNV: Bus 25, 26, 27, 28, Haltestelle Hemmstraße

Platz für alle

76 Wesergrün am Osterdeich

Wenn es in Bremen einen grünen Lieblingsort gibt, auf den sich nahezu alle Einheimischen einigen können, dann ist das wohl der Osterdeich. Die riesig-breite Sonnenwiese liegt zentral auf der rechten Weserseite, aber so nah dran an der Neustadt, dass man auch aus dem Süden schnell da ist. Aus dem Viertel ist es nur ein Katzensprung. Für die anderen Stadtteile gilt: Alle Wege führen zum Osterdeich.

Der Deich bietet naturgemäß einen fantastischen Ausblick auf die Weser und die darauf entlangschippernden Schiffe. Er ist ausladend und grün (bis auf ein paar wenige, sehr heiße und trockene Tage im Bremer Sommer oder direkt nach der Breminale) und lockt mit sehr viel Fläche zum Hinsetzen, Sonnenbaden, Picknicken und Ausruhen. Aber auch zum Gassigehen, Fußball oder Wikinger spielen oder was einem sonst noch einfällt auf dieser großen, saftigen Gemeinschaftswiese.

Wie ein langer grüner Strand zieht sich der Deich an der Weser entlang. Zwischen Tiefer und Weserstadion lädt er auf rund 2 Kilometer Länge zur Erholung und zum Platznehmen ein. Die gleichnamige Straße Osterdeich führt noch weiter bis nach Hemelingen. Den Namen hat die idyllisch-maritime Grünanlage übrigens von ihrer Lage im Osten der Stadt. Der Deich wurde, so wie wir ihn heute kennen, erst Ende des 19. Jahrhunderts errichtet. Die Deiche, die zuvor dem Schutz vor Überschwemmungen dienen sollten, waren immer wieder gebrochen. Mit dem Bau des Osterdeichs entstanden auch die schicken Villen, die die Straße säumen.

Die Wege oben auf der Deichspitze unter den schattigen Bäumen oder unten am Fuße und am Wasser sind ideal für einen Spaziergang, eine Runde Inliner oder gemütliches Radfahren mit Panoramablick. Die Hänge und die breite Ebene eignen sich für entspannte Stunden im Gras. Das Beste: Es ist wirklich Platz für alle! Eng wird es nur dann, wenn das Sommer-Sonne-Gute-Laune-Festival Breminale hier stattfindet. Da rücken alle aber gern ein Stück zusammen.

● Osterdeich Bremen
● ÖPNV: Straßenbahn 2, 3, 10, Haltestelle Sielwall;
Bus 24, 25, Straßenbahn 2, 3, 4, 6, 8, Haltestelle Domsheide

Zwischen zwei Welten

77 Auf der Brücke über die Grollander Ochtum

Besonders die Bremer Randgebiete laden dazu ein, grüne und vielleicht ganz und gar unbekannte Glücksorte für sich zu entdecken. Hier ein unverhofft blühendes Eckchen voller Sonnenblumen, dort eine versteckte Bank, die einen fabelhaften Ausblick auf norddeutsche Weite bietet. Im Süden befinden sich in der Nähe des Flughafens ein verträumtes Kleingartengebiet und eine idyllisch liegende Wohnsiedlung im Ortsteil Grolland. Dazwischen fließt die Ochtum und über eben jene führt einer dieser Glücksorte: eine verwunschene Brücke, die von Schatten spendenden Laubbäumen eingerahmt wird. Es raschelt und plätschert, die Holzbohlen holpern, wenn man mit dem Rad drüberfährt. An warmen Tagen bietet der Übergang wohltuende Kühle nach der Tour durch die Parzellen oder auf dem erhöhten Grollander Rundumgraben, auf dem man bis zum „Park links der Weser" fahren kann. Manchmal bleibt man einen Moment auf der Brücke stehen, trinkt vielleicht einen Schluck, schaut östlich oder westlich, wo es das Flüsschen hinführt, oder hinab in das zugewachsene Tal unter dem Steg. An anderen Tagen huscht man schnell hinüber, nimmt aber dennoch einen tiefen Atemzug in der plötzlichen Frische.

Wer aus der Neustadt kommt und weiter zum „Park links der Weser" fährt, wird über die Beschaulichkeit staunen, die sich rechts und links des schmalen Deichs ausbreitet. Entzückende Gärten sind hier zu sehen, in die man sich träumen kann. Ab und zu gibt es mal Gegenverkehr, aber doch viel seltener als auf den Fußwegen in der Innenstadt.

Der „Park links der Weser" ist eine rund 200 Hektar große Grünanlage mit Deichen, Wäldchen, Fleeten und Wiesen sowie Bauernhoftieren wie Kühen, Pferden und Schafen. Die riesige Fläche lässt wieder einmal vergessen, wie nah das großstädtische Getümmel ist. Ganz so, als könne man die Stadt auf der Brücke kurz abschütteln und weiterfahren ins Grün.

- Fuß- und Fahrradbrücke über die Grollander Ochtum, 28259 Bremen
- ÖPNV: Straßenbahn 1, 8, Bus 52, Haltestelle Bardenflethstraße

78 Zwischen Werdersee und Weser

Selten erscheint die Stadt mit all ihrem liebenswerten Lärm und Getümmel so weit weg wie zwischen Werdersee und Weserschleuse. Wer am Ende des Werdersees angekommen ist, hat verschiedene Optionen: erstens weiter zur Habenhauser Uferaue, Alte Weser bis nach Weyhe, zweitens einmal um den Block fahren oder laufen oder drittens nach Nordwesten abbiegen und ein Stück ruhevolles Naturidyll entdecken. Letzteres führt an der Fischtreppe vorbei, die gebaut wurde, um Fischen ihre Wanderung zu erleichtern, indem große Steine im Wasser die Strömung entschleunigen. Es ist auch für uns Menschen ein prima Ort der Entspannung und des Füßebaumelns, aber wir wollen noch ein Stück weiter die Wehrstraße entlang. Hier, zwischen Werdersee und Weser, existiert ein Fleckchen Erde, das Weite im Kopf schafft. Man vergisst die Stadt ganz einfach. Es handelt sich um einen geteerten Weg in der Feldmark, wie Menschen vom Land die Umgebung nennen würden. An warmen Sommertagen flirrt hier die Luft, Insekten summen und zirpen, zwischen den Büschen und den hohen Gräsern scheint das Lüftchen ein wenig länger zu verweilen als am Wasser.

Zur Linken befindet sich das Naturschutzgebiet Neue Weser. Es handelt sich um einen See, der beim Weserdurchbruch im März 1981 entstanden ist. Gespeist wird er durch einsickerndes Weserwasser, entwässert wird er über ein Ableitungsrohr in die Unterweser. Die umliegenden Wiesen, der See selbst und die darin befindlichen Inseln stehen seit Ende der 80er-Jahre unter Naturschutz und sind als europäisches Vogelschutzgebiet ausgewiesen. Von der Wehrstraße aus ist das Gewässer gut einsehbar und auf der anderen Seite wurde eine Aussichtsplattform angelegt, um das Gebiet und die Flora und Fauna noch besser betrachten zu können. Weit und breit sind keine Häuser und manchmal sogar auch keine Menschen zu sehen, wenn man seinen Blick über den See schweifen lässt. Glatt vergisst man, dass die Stadt und der nächste Biergarten gar nicht so weit weg sind, wie es in diesem Moment wirkt.

- Neue Weser, Wehrstraße 9, 28279 Bremen
- ÖPNV: Straßenbahn 3, Bus 40, 41, 42, Haltestelle Weserwehr

Das Glück dieser Erde

79 Reiten auf dem Schimmelhof in Osterholz

Dieser typische Pferdegeruch bringt alle, die früher schon mal auf einem Pferd saßen, direkt zurück in ihre Kindheit und Jugend. Nichts hat damals wunderbarer geduftet als ein Stall voller Pferde und Ponys. Herb, etwas muffig, nach Freiheit und glückseligen Stunden im Sattel. Auf dem Schimmelhof in Bremen Osterholz kann man die Gefühle und Erinnerungen wieder aufleben lassen oder auch, wer noch nie geritten ist, aber schon immer davon geträumt hat, zum ersten Mal Reitunterricht nehmen. Egal in welchem Alter. Der älteste Reitschüler hier hat erst in seiner Rente mit dem Unterricht begonnen. So schön, daran erinnert zu werden, dass man nie zu alt ist, um sich einen Traum zu erfüllen.

Nachdem man sich in der ersten Stunde mit den Pferden ein wenig beim Putzen und Striegeln, Kämmen und Hufeauskratzen angefreundet hat, ist es so weit: Es geht in den Sattel. Mit etwas Nervosität wird versucht, sich nun also an die Bewegungen zum Aufsteigen zu erinnern: Fuß in den Steigbügel, ein kleiner Hopps, aber nicht springen, eher mit Kraft, und mit Schwung ein Bein rüber nach oben in den Sattel. Geschafft! Wundervoll, es fühlt sich genauso an wie früher, nein, eigentlich noch besser: etwas erhaben, voller Stolz, die gemütliche und geduldige Haflingerdame trägt ganz gelassen und ohne Eile. Gemächlich zockelt sie los. Wie werden die Zügel doch gleich gehalten? Was ist die korrekte Bein- und Fußstellung? Ah, genau. Alles kommt wieder! Die Zügel fest im Griff und in der schnelleren Gangart im Sattel „aufstehen“ und wieder hinsetzen. Trab, trab, trab – das klappt schon ganz gut. Man kann es schlicht nicht vermeiden, dass sich ein sehr breites Strahlen auf dem Gesicht ausbreitet. Wer sich traut, darf am Ende ein Stück galoppieren. Ein Glücksgefühl, das man so schnell nicht vergessen wird.

TIPP

Der Hof bietet Gruppen- und Einzelunterricht, Voltigieren und Ausritte für alle Level an.

● Schimmelhof, Osterholzer Dorfstraße 95, 28307 Bremen
www.schimmelhofbremen.de
● ÖPNV: Bus 37, Haltestelle Osterholzer Möhlendamm

Nachhaltigkeit ist Kopfsache

80 Fairer Friseurbesuch bei Zwei Stühle

Ein neuer Haarschnitt sorgt bei vielen Menschen für ein neues Lebensgefühl. Es muss nicht immer gleich eine Radikalveränderung sein, manchmal reicht es schon, sich die Spitzen schneiden zu lassen, einen Pony auszuprobieren oder sich dezente Sommersträhnchen färben zu lassen. Wer vegan lebt, auf Umweltverträglichkeit achtet und so wenig Müll wie möglich verursachen möchte, muss bei herkömmlichen Friseursalons allerdings oftmals ein Auge zudrücken.
Wie in vielen anderen Bereichen geht der Trend zum Glück auch in der Schönheitsbranche zu Natur und Nachhaltigkeit. Naturkosmetik erfreut sich steigender Nachfrage und Beliebtheit – so auch in Kosmetik- und Friseursalons. Konkret bedeutet das: weniger Chemie, weniger Verpackung, Verzicht auf Mikroplastik, Parabene und nicht-biologisches Palmöl. Auch in Bremen gibt es mittlerweile schon einige Friseursalons, die auf einen natürlichen Betrieb setzen. So wie Hauke Füllgraf. Der Friseur eröffnete seinen Laden Zwei Stühle (im Salon gibt es tatsächlich nur zwei!) 2022 zusammen und zeitgleich mit den beiden Inhabern des Secondhandgeschäfts Defibrillator, das sich gleich nebenan befindet und durch eine offene Tür mit dem Salon verbunden ist. Er verwendet nur Produkte aus tierversuchsfreier Herstellung, die verwendete Alufolie wird einem geschlossenen Recyclingkreislauf zugeführt, die Möbel sind allesamt secondhand – das nachhaltige Konzept des Ladens ist für Hauke so selbstverständlich, dass er es gar nicht an die große Glocke hängt.
Hauke und sein Team nehmen sich Zeit für eine ausführliche Beratung und dafür, die Haare und die Struktur genau unter die Lupe zu nehmen. Denn der Nachhaltigkeitsgedanke gilt nicht nur für die verwendeten Produkte, sondern auch für den neuen Haarschnitt. Ziel ist es, die Wohlfühlfrisur zu finden, die perfekt zum Typ passt. Die Stimmung im Salon ist entspannt und das Ambiente ausgesprochen gemütlich. Das kommt an: Die Auftragsbücher sind gut gefüllt und es gab schon kurz nach Eröffnung viele glückliche Stammkunden.

- Zwei Stühle, Westerstraße 2, 28199 Bremen, www.zweistuehle.com
- ÖPNV: Straßenbahn 8, Bus 24, Haltestelle Am Neuen Markt

GEDORE

Bibliografische Informationen der Deutschen Nationalbibliothek
Die Deutsche Nationalbibliothek verzeichnet diese Publikation in der Deutschen Nationalbibliografie; detaillierte bibliografische Daten sind im Internet über http://dnb.d-nb.de abrufbar.

Konzeption/Satz: Droste Verlag, Düsseldorf
Einbandgestaltung und Illustrationen: Britta Rungwerth, Düsseldorf, unter Verwendung von Bildern von © Fotolia.com: jd – photodesign.de; © iStock: Plociennik Robert
Fotos: Lena Häfermannl, außer:
S. 11: Sina Simon; S. 17, 39: Wiebke Leffrang; S. 21: M3B GmbH, Oliver Saul; S: 23: Kay Fischer; S. 25: Katrin Zeise; S. 27: Catharina Kudlik; S. 29: Lankenauer Höft; S. 31: Yvonne Berends; S. 33: Klimahaus Bremerhaven, Schwarze; S. 37: Landesforsten, Rainer Städing; S. 45: Stiftung Bremer Rhododendron-Park; S. 49, 77: Maleen und Leo Hallauer; S. 51: Hajo Kaemena; S. 53: Sebastian Huß; S. 55: botanika Bremen; S. 57: Thomas Wieland; S. 59: Andreas Roloff; S. 63: Christof Steuer; S. 67: Rolf Prieser; S. 69: Bremenlotsen, Katharina Rosen; S. 75: Kristin Hildebrandt; S. 79: Thomas Franke; S. 89, 153: Josefine Krawczyk; S. 91: Mona Bektesi; S. 95: Klaus Dieter Franke @geodida (Instagram); S. 99: Bettina Hoffmann; S. 103: Land of Green; S. 107: Stephan Alphei; S. 109: Volker Schütz; S. 111: Claudia Schreiber; S. 113: Touristikagentur Teufelsmoor-Worpswede-Unterweser e.V.; S. 115: Katrin Adler; S. 117, 155: Christian Ehlers; S. 119: Jochen Mönch; S. 121: Stadtteilfarm Huchting e. V.; S. 125: Julia Budde; S. 127: Stefanie Rathjen; S. 131: Jonte Mai; S. 141: Tourismus-Service Butjadingen; S. 145: Arbeit & Ökologie; S. 137: Friedehorst gGmbH; S. 143: Mittelweser-Touristik GmbH; S. 149: Reimer Kanje
Textlektorat: Annedore Fausak, Neuss

FSC
www.fsc.org
MIX
Papier aus verantwortungsvollen Quellen
FSC® C011279

Druck und Bindung: LUC GmbH, Greven
ISBN 978-3-7700-2394-3

www.droste-verlag.de